3 de julio de 1898

Tomás Pérez Vejo

3 de julio de 1898
El fin del Imperio español

taurus

Papel certificado por el Forest Stewardship Council®

Primera edición: noviembre de 2020
Tercera reimpresión: junio de 2025

© 2020, Tomás Pérez Vejo
© 2020, Penguin Random House Grupo Editorial, S. A. U.
Travessera de Gràcia, 47-49. 08021 Barcelona

Penguin Random House Grupo Editorial apoya la protección de la propiedad intelectual. La propiedad intelectual estimula la creatividad, defiende la diversidad en el ámbito de las ideas y el conocimiento, promueve la libre expresión y favorece una cultura viva. Gracias por comprar una edición autorizada de este libro y por respetar las leyes de propiedad intelectual al no reproducir ni distribuir ninguna parte de esta obra por ningún medio sin permiso. Al hacerlo está respaldando a los autores y permitiendo que PRHGE continúe publicando libros para todos los lectores. De conformidad con lo dispuesto en el artículo 67.3 del Real Decreto Ley 24/2021, de 2 de noviembre, PRHGE se reserva expresamente los derechos de reproducción y de uso de esta obra y de todos sus elementos mediante medios de lectura mecánica y otros medios adecuados a tal fin. Diríjase a CEDRO (Centro Español de Derechos Reprográficos, http://www.cedro.org) si necesita reproducir algún fragmento de esta obra.
En caso de necesidad, contacte con: seguridadproductos@penguinrandomhouse.com

Printed in Spain – Impreso en España

ISBN: 978-84-306-2265-8
Depósito legal: B-11.651-2020

Compuesto en Arca Edinet, S. L.
Impreso en Liber Digital, S. L.
Casarrubuelos (Madrid)

TA 2 2 6 5 D

LA ESPAÑA DEL SIGLO XX EN 7 DÍAS

Jordi Canal

En toda historia de un país, unas fechas resultan más importantes que otras. Unos días empiezan o concluyen periodos, mientras que la mayoría no entran a formar parte del calendario a recordar. En algunos casos, un día es mucho más que un día, puesto que representa una época. A veces ello es evidente desde el mismo momento en que tienen lugar los hechos, en otras ocasiones no se asume hasta mucho tiempo después. El papel de la prensa y la radio, pero sobre todo de la televisión —el siglo XX analógico va a abrir las puertas de un siglo XXI que construye fechas-acontecimiento, de forma sensiblemente distinta—, no es menor.

Esta colección de libros reconstruye la historia de la España del siglo XX a partir de siete días decisivos, una semana. No son cien años, puesto que hemos optado por un siglo XX algo más largo de lo normal, empezando en 1898, con la batalla que supuso el final del viejo imperio español moderno, y terminando en 2004, cuando, en un país modernizado y de consolidada democracia, se produce el mayor atentado de su historia. Unos son días de guerra, mientras que en otros casos se privilegian atentados terroristas o conatos de golpe de Estado, sin olvidar momentos clave para la sociedad española tanto en el terreno cultural como en el deportivo.

A partir de la narración de lo ocurrido en un día concreto de la historia de España se propone una aproximación al periodo, a las implicaciones nacionales e internacionales de los hechos y, asimismo, a la historia y a la memoria de aquella jornada. La aproximación micro se convierte en la clave de una comprensión macro. En los libros de esta colección se recupera una historia con fechas y acontecimientos —sin que ello represente un retorno a maneras del pasado—, en la que los hombres y mujeres de carne y hueso son los auténticos protagonistas y que, asimismo, sin ninguna merma de crítica y rigor, está sobre todo pensada para ser leída y disfrutada.

Tomás Pérez Vejo, José-Carlos Mainer, Pilar Mera, Antonio Rivera, Juan Francisco Fuentes y Mercedes Cabrera, todos historiadores conocidos y reconocidos, se unen a quien firma estas líneas para contar y analizar en siete libros, dedicados a otras tantas fechas, un centenar de años de nuestro pasado.

ÍNDICE

Introducción 11

1. 3 de julio de 1898: el significado de una fecha ... 15
   Las consecuencias de la derrota 25
   La importancia del 98 36
   Las consecuencias del 98 54

2. La guerra hispano-estadounidense del 98:
   orígenes y contexto histórico 61
   Cuba en las relaciones hispano-norteamericanas .. 63
   El nuevo contexto de la guerra hispano-cubana
     (1895-1898) 75
   De la presión a la intervención militar 87
   La guerra con Estados Unidos:
     el estallido del *Maine* 98

3. El 98 y la sociedad española 103
   El movimiento obrero y la guerra de Cuba 111
   Los defensores de la guerra 120
   El amargo despertar de la derrota 122
   La prensa y el 98 133

4. El Desastre del 98 y las relaciones
   con Hispanoamérica 143

El panhispanismo y sus implicaciones
político-ideológicas 149
Las repúblicas hispanoamericanas y la guerra
de Cuba (1895-1898) 156
Las colonias de españoles en América y la guerra
de Cuba 167
El 98 y sus consecuencias en las relaciones
entre España y América Latina 172

5. El 98 y la crisis del relato de nación español 185
De la monarquía católica a la nación española ... 190
La decadencia como clave del relato
de nación español 203
Pueblo y nación en la crisis del 98 220

Bibliografía 227
Índice alfabético 233

INTRODUCCIÓN

En la historia de cualquier país pocos son los años convertidos en sujeto histórico. El 98 español es uno de ellos. Basta enunciarlo, sin necesidad de precisar el siglo, para saber que se está hablando de 1898, no de 1998 o de 1798. Es el año del Desastre y el que da nombre a uno de los movimientos literarios más influyentes de la vida intelectual española de los dos últimos siglos: la generación del 98, la de Pío Baroja, Azorín, Ramiro de Maeztu, Ángel Ganivet, Miguel de Unamuno, Antonio Machado, Ramón María del Valle-Inclán...

Ese año marca para la historia de España el fin, adelantado, de un siglo XIX corto, que terminó antes y empezó más tarde. (En el devenir de las comunidades humanas, los siglos no siempre duran cien años ni empiezan el 00 y terminan el 99.) El siglo XIX español no comenzó en 1800 sino en 1808, con la invasión napoleónica, inicio de la crisis que llevaría a la desaparición de la monarquía católica y su sustitución por un nuevo tipo de organización política, el actual Estado nación español, proceso que no concluyó hasta la muerte de Fernando VII en 1833. Tampoco terminó en 1899 sino un año antes; si en el resto de Europa el siglo XX empezó con la Primera Guerra Mundial, en España lo hizo con la guerra de Cuba.

Ambos, inicio y final, estuvieron marcados sobre todo por las pérdidas territoriales ultramarinas: el inicio, con las de los territorios continentales americanos, desde el cabo de Hornos hasta el sudeste del actual Estados Unidos; el final, con las del rosario de islas que, desde el Caribe (Cuba y Puerto Rico) hasta el Sudeste Asiático (Filipinas), pasando por el Pacífico (las Palaos, las Marianas y las Carolinas), constituían lo que se conocía como los «últimos jirones del imperio».

El 98 español tiene, desde esta perspectiva, un claro sentido de final de época, de fin del imperio ultramarino, y, en un enfoque más amplio, del siglo XIX español en su conjunto, y así es como ha sido visto y estudiado de manera general. El punto de partida de este libro es ligeramente diferente, ya que no considera que la pérdida de las últimas colonias ultramarinas constituya el final del proceso iniciado con las independencias americanas a principios del siglo XIX, sino algo cualitativamente distinto que poco o nada tiene que ver con lo ocurrido menos de cien años antes. Presta más atención al componente de inicio del siglo XX que al de final del XIX —aunque es obvio que fue tanto lo uno como lo otro—, y privilegia la búsqueda de algunas de las claves que marcarán la historia del siglo XX español.

La afirmación de que en 1898 España perdió los últimos jirones de su imperio es sólo una verdad a medias, o una media mentira. Es cierto que perdió lo que le quedaba de las posesiones ultramarinas de la antigua monarquía católica —estructura política que no debe confundirse con el Estado nación español contemporáneo—, pero éstas no eran ni representaban ya nada de lo que habían sido y representado como partes de una organización política en la que la distinción entre metrópoli y colonias carecía en gran parte de sentido. Se trataba de unos territorios que, económica, jurídica y hasta ideológicamente, no habían sido colonias de España hasta después de la crisis imperial de comienzos del siglo XIX.

No parece arriesgado afirmar que en 1898 España no perdió los últimos restos de su imperio colonial, sino las únicas colonias ultramarinas que en realidad tuvo. Fue el fin de una época, pero no de la iniciada con el descubrimiento de América, sino con la crisis imperial de principios del siglo xix y la conversión, por parte del nuevo Estado nación español, de los territorios ultramarinos heredados de la vieja monarquía en las colonias que con esta última no habían sido. El proceso tuvo bastante éxito sobre todo en el caso de Cuba, un territorio marginal para la economía de la monarquía, cuyo interés había sido durante tres siglos casi exclusivamente geopolítico, como centro de las comunicaciones entre sus reinos europeos y americanos, que pasó a convertirse en una de las colonias más ricas y rentables de las muchas que durante ese siglo los europeos tuvieron a lo largo y ancho del planeta.

Más relevante todavía es el segundo aspecto, el de considerar 1898 no tanto el fin del siglo xix como el principio del xx y, de resultas de ello, la causa y origen de muchos de los grandes problemas de una centuria particularmente dramática en la historia contemporánea española, incluida la Guerra Civil de 1936-1939. Fenómenos como el aislamiento y la irrelevancia internacional de España, el nunca resuelto problema de los nacionalismos periféricos, la polarización política, el déficit de infraestructuras públicas, la pervivencia del militarismo, el desastroso imperialismo español en el norte de África y, de manera general, España como problema, que recorrerá como un fantasma la vida del país hasta prácticamente nuestros días, tienen algunas de sus claves en la ya lejana batalla que tuvo lugar la mañana del 3 de julio de 1898 en la bahía de Santiago de Cuba, un lugar hoy desconocido para la mayoría de los españoles.

Lo que este libro se propone es analizar lo ocurrido esa mañana no como el fin de una época, sino como el inicio de otra; como el primer día del siglo XX y no el último del XIX, uno de los días que dieron forma a la España contemporánea.

1
3 DE JULIO DE 1898: EL SIGNIFICADO DE UNA FECHA

La mañana del 3 de julio de 1898, justo antes de entrar en combate, el almirante Pascual Cervera y Topete se dirigió a sus hombres:

> Ha llegado el momento solemne de lanzarse a la pelea [...]. He querido que asistáis conmigo a esta cita con el enemigo luciendo el uniforme de gala. Sé que os extraña esta orden porque es impropia del combate, pero es la ropa que vestimos los marinos de España en las grandes ocasiones, y no creo que haya un momento más solemne en la vida de un soldado que aquel en que se muere por la patria.
> El enemigo codicia nuestros viejos y gloriosos cascos [...]. Pero sólo las astillas de nuestras naves podrán tomar [...] cuando, cadáveres ya, flotemos sobre estas aguas que han sido y son de España [...]. El enemigo nos aventaja en fuerza pero no nos iguala en valor.
> ¡Clavad la bandera y ni un solo navío prisionero!

El tono sacrificial, una llamada a la inmolación colectiva, deja pocas dudas sobre el ánimo con que el almirante español se lanzó a una batalla que sabía perdida de antemano. «Vamos a un sacrificio tan estéril como inútil», había escrito unas horas antes a su hermano.

A continuación, a las 9.35 de la mañana, la escuadra española, encabezada por su buque insignia, el *Infanta María Te-*

resa, con la bandera de combate desplegada, inició la salida del puerto. El objetivo no era buscar el combate con los norteamericanos, algo que Cervera, consciente de la inferioridad de los barcos españoles, había intentado evitar hasta el último momento, sino romper el bloqueo al que la escuadra de Estados Unidos tenía sometida a la española desde hacía más de un mes.

Era un desesperado intento de huida. La bahía de Santiago, que poseía unas condiciones excelentes como refugio, se había convertido en una trampa de la que no resultaba fácil escapar. La estrecha y tortuosa bocana facilitaba su defensa pero también el bloqueo exterior, que es lo que la flota norteamericana hizo en cuanto tuvo conocimiento de la entrada de los barcos españoles, apostando frente a ella un numeroso grupo de buques, tanto de guerra como mercantes. El 25 de mayo Cervera comunicó al Gobierno que se encontraba asediado y con víveres para sólo un mes, y el 20 de junio, que el número de barcos estadounidenses apostados frente a Santiago superaba los sesenta, «de ellos siete acorazados modernos».

La situación se complicó todavía más cuando tropas norteamericanas y cubanas, tras una serie de batallas sangrientas —entre ellas la de Lomas de San Juan, probablemente la más encarnizada de las que tuvieron lugar durante toda la guerra—, se fueron acercando a una ciudad a la que, por su lejanía de las regiones controladas por los españoles, era prácticamente imposible enviar refuerzos. El 2 de julio el capitán general de Cuba, Ramón Blanco, ordenó a Cervera que saliese de la bahía de Santiago, con el objetivo de evitar que, ante la inminente caída de la ciudad en manos de los estadounidenses, éstos se apoderasen también de los buques.

La angostura del canal de entrada a la bahía obligó al almirante español a disponer la salida de los barcos de uno en uno —no había otra opción— y en orden decreciente de tamaño y capacidad de fuego; esta última sí que fue ya una decisión estratégica que, como muchas de las tomadas por Cervera (salir de día y no de noche, navegar pegados a la costa, etc.), ha sido enormemente debatida y cuestionada sin que los argumentos a favor de una u otra opción puedan considerarse concluyentes. El primero en salir fue el *Infanta María Teresa*, el buque insignia, a las órdenes del propio Cervera, seguido, por este orden, de los cruceros *Vizcaya*, *Cristóbal Colón*, *Almirante Oquendo* y, cerrando el convoy, los destructores *Furor* y *Plutón*.

Nada más abandonar la protección de la bahía, el *Infanta María Teresa*, se supone que con el objetivo de concentrar sobre él el fuego de los acorazados norteamericanos facilitando la huida del resto de la escuadra, se dirigió a toda máquina contra el crucero acorazado *Brooklyn*, buque insignia del comodoro Winfield Schley. Éste retrasó su posición hasta quedar a la altura del *Texas* y del *Iowa*, desde donde los tres acorazados, siempre fuera del alcance de los cañones del navío español, concentraron sobre él toda su potencia de fuego, hasta causar el incendio generalizado que obligaría a Cervera a ordenar su embarrancamiento a las 10.15. La batalla apenas acababa de empezar y los españoles habían perdido su buque insignia y al almirante de la escuadra, prisionero de los estadounidenses.

Parecida suerte corrieron el resto de los barcos. El *Almirante Oquendo*, el siguiente en el convoy, inició su salida cuando el *Infanta María Teresa* ya casi había sido neutralizado. Apenas acababa de dejar atrás la bocana de El Morro cuando fue atacado y prácticamente destruido por los acorazados *Indiana*, *Oregon* y *Iowa*. Con 61 impactos de cañón en el casco y envuelto en llamas, la tripulación lo embarrancó a las 10.20.

En el caso del *Vizcaya*, que había zarpado a las 9.45 después de, según el informe de su capitán, Antonio Eulate, numerosos problemas con el funcionamiento de sus cañones, «apenas comenzó el combate y se quiso hacer fuego con ellos [los cañones], escupían las ahujas, lanzaban los cierres, hacían explosión en la recámara, hiriendo a los sirvientes». Tras recibir numerosos impactos de cañón en el casco, un total de veintiocho —origen también de varios incendios—, fue varado por su tripulación en un arrecife a las 11.05, poco después explotó.

El único que tuvo alguna posibilidad de escapar a la debacle fue el crucero acorazado *Cristóbal Colón*, que, botado en 1896, era el más moderno y rápido de los españoles. Consiguió en un primer momento dejar atrás a sus perseguidores, los acorazados *Brooklyn* y *Oregon*, pero, una vez agotado el carbón inglés, tuvo que recurrir al de peor calidad almacenado en sus depósitos, lo que disminuyó su velocidad. Ante la imposibilidad de hacer frente a sus perseguidores —por problemas durante su fabricación no se le habían llegado a instalar los dos cañones principales—, el capitán dio la orden de vararlo en una playa de la desembocadura del río Tarquino. Eran las 13.15 del 3 de julio de 1898. La batalla naval de Santiago de Cuba había concluido y, con ella, la presencia española en América. El último barco en arriar su bandera llevaba, como si de un guiño del destino se tratase, el nombre de Cristóbal Colón y había sido construido en Génova.

La batalla, en resumen, fue rápida —duró cuatro horas— y no contó con grandes sutilezas estratégicas. Fue una especie de tiro al blanco en el que los buques norteamericanos, amparados en el mayor alcance de sus cañones, fueron hundiendo a los españoles, que, incapaces de responder, se limitaron a intentar escapar; una vez inutilizados sus barcos por los disparos enemigos, las tripulaciones trataron de embarrancarlos, con el doble objetivo de no entregárselos a los estadounidenses y de salvar el mayor número de hombres posible. Estrategia que quizá explique la discutida decisión del almirante Cervera de salir de día y ordenar a sus barcos navegar cerca de la costa.

Los cuatro grandes cruceros lograron el propósito de embarrancar antes de hundirse, pero no los dos pequeños destructores. El *Furor*, incendiado por los disparos norteamericanos, sufrió una fuerte explosión y se hundió poco después, arrastrando con él a parte de la tripulación, incluido su capitán, Fernando Villaamil, el militar de mayor graduación muerto en la batalla. El *Plutón* sí que llegó a embarrancar, pero ya sin control, lo que lo llevó a una zona rocosa donde sufrió también una explosión, con un elevado saldo de muertos y desaparecidos.

El otro objetivo, el de dejarlos inutilizados para no entregárselos a los norteamericanos, «¡Clavad la bandera y ni un solo navío prisionero!», fue conseguido por casi todos. Las palabras del informe del capitán del *Vizcaya*, Antonio Eulate, podría haberlas firmado cualquiera de los oficiales de los demás buques: «Notifico a V. E. [el informe va dirigido al almirante Cervera] la pérdida de mi buque en combate con cuatro buques norteamericanos muy superiores, sin que se haya arriado la bandera y sin que el enemigo haya posado su planta en él». Las dos excepciones, o casi, fueron el *Infanta María Teresa* y el *Cristóbal Colón*.

El primero porque, tras quedar varado en una zona arenosa («no chocó más que con una roca por la amura de estribor, por lo que, y como iba con poca velocidad, no recibió todo el daño que el almirante se proponía», según anotó Víctor Concas, comandante del *Infanta María Teresa*), pudo ser reflotado por los norteamericanos (gastaron cien mil dólares en la operación), al parecer con la intención de exhibirlo como trofeo de guerra en Estados Unidos. Una fuerte tormenta, sin embargo, rompió el cable con el que era remolcado camino de la base naval de Norfolk y, arrastrado por las olas, encalló en un arrecife coralino de las Bahamas, de donde, a pesar de los esfuerzos, fue ya imposible recuperarlo.

El segundo, que hubiese podido ser recuperado fácilmente, se hundió por un error de los norteamericanos en el proceso de reflotamiento. No cerraron las válvulas que el capitán español había abierto para embarrancarlo, por lo que al sacarlo de la playa se llenó de agua y se hundió. Como había encallado en una zona fangosa, apenas había sufrido daños, y había sido también el menos perjudicado por los disparos enemigos (sólo recibió seis impactos de cañón en el casco); al ser el único que poseía una estructura completamente blindada, apenas le afectaron. El objetivo era en este caso recuperarlo para la armada estadounidense.

El saldo final fue de 343 muertos, 151 heridos, 1.889 prisioneros y seis barcos embarrancados o hundidos —en total 29.000 toneladas en buques y 112 cañones perdidos— por el lado español, y de un muerto, dos heridos y ningún barco hundido por el norteamericano. Son las estremecedoras cifras de una catástrofe, «el Desastre del 98», que, al margen de éstas, lo fue mucho más por sus repercusiones que por la derrota militar en sí.

Como episodio bélico, el combate naval de Santiago de Cuba fue en realidad bastante menor. Participaron en él seis barcos españoles y diez estadounidenses; nada que ver, por tanto, con las grandes batallas del siglo XIX, con decenas de buques implicados, ni siquiera teniendo sólo en cuenta aquellas en las que se vieron involucrados barcos españoles, como la de Trafalgar, con quince navíos de línea españoles, dieciocho franceses, veintisiete ingleses y varios barcos menores más. Fue, eso sí, decisivo para el desarrollo de la guerra. La destrucción del poder naval español, muy inferior ya de partida al norteamericano, acabó con cualquier posibilidad para España de seguir luchando. El ejército español quedó aislado y atrapado en una doble lucha, la que llevaba tres años manteniendo contra el Ejército Libertador de Cuba, con resultados no demasiado concluyentes desde el punto de vista militar, y la que acababa de iniciar con unos cuerpos expedicionarios estadounidenses que, dueños ahora del mar, podían elegir dónde y cuándo atacar, además de tener garantizada, a diferencia del ejército español, la llegada de cuantos recursos humanos y materiales necesitasen.

Fue una derrota absoluta y sin paliativos, pero que tampoco modificó mucho el peso internacional de España. La debacle naval del 3 de julio de 1898 no supuso un cambio radical en el papel de potencia de segundo orden que el país había venido desempeñando en el escenario internacional desde principios del siglo XIX. El lugar de España en el concierto internacional, a pesar del aparente dramatismo del Tratado de París firmado el 10 de diciembre de 1898 —que, con la renuncia a la soberanía sobre Cuba y la entrega a Estados Unidos de Puerto Rico, Filipinas y Guam, ponía fin al imperio de ultramar español—, siguió siendo más o menos el mismo tras la firma del acuerdo de paz. El cambio real había tenido lugar algo menos de un siglo antes, cuando la monarquía católica, en torno a la que había girado la geopolítica del mundo atlántico durante tres siglos, se disgregó en una veintena de nuevos estados nación, todos, incluido el español, de una más que obvia irrelevancia internacional y, como consecuencia de ello, incapaces de ocupar el lugar dejado por aquélla en la geopolítica mundial. No es algo particularmente extraño: una de las características del colapso de los sistemas imperiales —que no se debe confundir con una simple pérdida de colonias— es que ninguna de las partes que lo han compuesto es capaz de erigirse en heredero, real y no sólo simbólico, del antiguo poder imperial.

La disgregación imperial hispánica no consistió en que España perdiera las colonias americanas, sino en la desaparición, sin herederos, del Estado imperio anterior, proceso que había tenido lugar en las primeras décadas del siglo XIX y no en la última. En 1898 España no perdió los «últimos jirones de su imperio» —frase hecha que, como todas las de su índole, sirve más para ocultar y confundir que para entender y comprender—, sino las únicas colonias que tuvo, al margen del disperso, más tardío y mucho más irrelevante imperio colonial africano.

El imperio colonial español sólo existió a partir de la disgregación de la monarquía católica, organización política distinta del posterior Estado nación español. Fue la desaparición de aquélla la que originó el nacimiento de este último, con la distinción entre colonias y metrópoli característica de los imperios coloniales decimonónicos, que de manera errónea tendemos a atribuir también a los imperios del Antiguo Régimen, todos de marcado carácter anacional. Esta precisión permite explicar por qué para España la pérdida de Cuba, Puerto Rico, Filipinas y un rosario de islas en el Pacífico fue mucho más importante que la de prácticamente todo un continente, desde el cabo de Hornos hasta la actual frontera entre Canadá y Estados Unidos. La diferencia es que unos territorios, los continentales americanos, los perdió el rey y los otros, las islas caribeñas y pacíficas, la nación española.

Fue el nuevo Estado nación español, hijo de la disgregación imperial más que continuador del antiguo Estado imperio —al igual que el resto de las repúblicas hispanoamericanas—, el que transformó los territorios americanos y asiáticos heredados de la vieja monarquía en colonias, modificando su forma de pertenencia política y económica. La pérdida de Cuba, Puerto Rico y Filipinas fue por consiguiente algo cualitativamente distinto a la de los territorios continentales americanos. Ni quien los perdió era el mismo sujeto político —la monarquía católica en un caso y el Estado nación español en otro—, ni su papel tenía nada que ver con el que tanto las islas caribeñas y pacíficas como los demás territorios americanos habían desempeñado bajo la estructura imperial antes de comienzos del siglo XIX.

Los territorios perdidos en 1898, aunque restos del antiguo imperio, eran resultado del proceso de colonización decimonónico, de la construcción de un orden colonial nuevo, de gran pujanza y eficiencia económica en el caso de Cuba, aunque menos en el resto. La sociedad cubana del siglo XIX era mucho más hija de lo que podríamos denominar «la segunda esclavitud», cuando la expansión de la demanda de materias primas impulsó el desarrollo de economías esclavistas a gran escala (llegaron más esclavos a Cuba entre finales del siglo XVIII y el fin del tráfico de esclavos —no de la esclavitud— en 1867 que a toda la América española en los siglos anteriores), que de los tres siglos virreinales, cuando su integración en la geopolítica del imperio había sido de carácter militar, de defensa de las comunicaciones entre los reinos europeos y los americanos. Algo parecido se podría decir de Filipinas, aunque su transformación de cabeza de puente de la ruta comercial del imperio con Asia —el galeón de Manila— en una colonia económica fue mucho menos exitosa.

No hubo un Imperio español previo a los inicios del siglo XIX, sino sólo después. Se trató de un accidentado proceso zanjado a finales de la década de los treinta con el establecimiento de un estatus colonial, desde el punto de vista tanto económico (especialización en la producción de materias primas) como político (leyes especiales para las provincias de ultramar y fin del derecho a elegir diputados para las Cortes de Madrid, establecido en los inicios del régimen liberal por la Constitución de Cádiz de 1812). Tenía en este sentido razón Ramón María de Labra cuando, en un discurso pronunciado en el Congreso de los Diputados de Madrid el 29 de marzo de 1890, afirmó que a partir de la Constitución de 1837 —en cierto sentido la primera constitución española, ya que la de 1812 fue más la última de la monarquía católica que la primera de España— Cuba y Puerto Rico «fueron gobernadas de un modo más duro y más injusto que lo habían sido los reinos americanos». Era la constatación, aunque no fuera ése el objetivo del diputado cubano, de la conversión de los restos de los territorios americanos de la monarquía en las colonias que antes no habían sido.

Era un imperio colonial anómalo por cuanto no había sido construido por el Estado nación español, sino por la monarquía católica. El primero era una potencia de segundo orden, mientras que la segunda, durante sus tres siglos de existencia, había sido una de las grandes protagonistas de la historia del planeta, con presencia e intereses en todos sus mares y continentes. El fin de la presencia española en el Caribe y el Pacífico fue, en realidad, el de una anomalía que se había venido prolongando desde el momento en que el Estado que se había asumido heredero y continuador de la antigua monarquía, una vez perdidos la mayor parte de los territorios y recursos ultramarinos de aquélla, se vio obligado a defender los restos de un deshilachado imperio, que incluía territorios —e intereses— en el Caribe, el Pacífico, el Sudeste Asiático y el norte de África, sin disponer de recursos para ello.

La derrota frente a Estados Unidos fue en este sentido una especie de vuelta a la normalidad, con la exclusión del tablero en el que jugaban las grandes potencias de una que no contaba con medios para seguir apostando. Mientras que en las últimas décadas del siglo XIX los principales países europeos, embarcados en una frenética carrera de fortalecimiento de su marina de guerra, dedicaban en torno al 10 por ciento de su presupuesto a ella, España apenas conseguía llegar al 4 por ciento, de uno además mucho más pequeño. Y estamos hablando de un Estado, como se acaba de decir, con territorios e intereses en prácticamente todos los continentes y mares del planeta. Como escribió Leopoldo Alas, Clarín, apenas acontecida la derrota (*La Publicidad*, 20 de junio de 1898), «un dominio colonial como el nuestro, tan lejano, tan codiciado y tan difícil de guardar, es un lujo propio de una nación próspera, fuerte», algo que la española desde luego estaba lejos de ser. La falta de recursos para mantener y defender estas posesiones ultramarinas era tan clara que los pocos territorios del Pacífico que España no cedió a Estados Unidos en virtud del tratado de París —parte de las islas Marianas, las Carolinas y las Palaos— se los vendió apenas dos meses después, el 12 de febrero de 1899, a Alemania por veinticinco millones de marcos.

LAS CONSECUENCIAS DE LA DERROTA

La exclusión, es cierto, fue dramática y sin paliativos. Apenas dos semanas después de la derrota de Santiago, el 18 de julio de 1898, el Gobierno español solicitaba, a través de la embajada francesa en Washington, el cese de las hostilidades, todavía con la propuesta de ceder Cuba pero conservando Puerto

Rico, la isla de Guam, las Marianas, las Carolinas, las Palaos y las Filipinas. La respuesta de Estados Unidos fue exigir la evacuación inmediata de Cuba y la entrega, en concepto de indemnización, de Puerto Rico, la isla de Guam y la ciudad y puerto de Manila. El Tratado de París, firmado el 10 de diciembre, ampliaría esas exigencias con la cesión a Estados Unidos del conjunto del archipiélago de las Filipinas, no sólo el enclave manileño, compensada con el pago de una indemnización de veinte millones de dólares.

Las condiciones de paz difícilmente habrían podido ser más humillantes, tanto para España como para los territorios que habían dejado de ser sus colonias; en París no hubo representantes cubanos, ni puertorriqueños ni filipinos, y menos aún, por supuesto, de ninguna de las demás islas del Pacífico. Lo que había empezado como una guerra de independencia de cubanos y filipinos terminaba con la derrota infligida a España por Estados Unidos, que negó a los rebeldes cualquier papel en las negociaciones de paz. Como el 5 de enero de 1899 escribiría con amargura en su diario de campaña el general cubano Máximo Gómez:

> Tristes se han ido ellos y tristes hemos quedado nosotros; porque un poder extranjero los ha sustituido. Yo soñaba con la paz con España, yo esperaba despedir con respeto a los valientes soldados españoles, con los cuales nos encontramos siempre frente a frente en los campos de batalla [...]. Pero los americanos han amargado con su tutela impuesta por la fuerza, la alegría de los cubanos vencedores; y no supieron endulzar la pena de los vencidos.

El tratado de paz fue entre Estados Unidos y España —mejor dicho, de Estados Unidos sobre España—, con el nacimiento de una nueva potencia colonial que se quedaba con los dominios de otra que dejaba de serlo. La ficción del imperio había terminado. Y es que, como años antes había escrito con evidente desdén el historiador nacionalista alemán Heinrich von Treitschke: «La pretensión española al título de sexta potencia [tras Reino Unido, Francia, Alemania, Rusia y Austria-Hungría] es meramente formal y basada exclusivamente en la vanidad».

Las consecuencias políticas internas fueron también insignificantes, al menos a corto plazo. A pesar de la responsabilidad del sistema político en el desastre, la Restauración sobrevivió sin demasiados problemas a la crisis. Ninguno de los temores de la clase política (una revolución, un golpe de Estado, el fin de la monarquía, una sublevación carlista, etc.) llegó a materializarse. La Constitución de 1876 seguiría vigente otros treinta años, tantos como los que había estado en vigor hasta ese momento. La monarquía sobrevivió a la derrota —incluida la subida de Alfonso XIII al trono en 1902, con apenas dieciséis años— y el sistema del «turno pacífico» entre los partidos liberal y conservador continuó hasta 1913, incluso con la vuelta al poder de Sagasta —bajo cuyo mandato se había perdido la guerra— apenas dos años después de terminada la contienda. Como afirmó con amargura Joaquín Costa en un discurso pronunciado en Zaragoza el 13 de febrero de 1906:

> Francia al día siguiente de Sedán [la derrota frente a Alemania] tuvo el buen sentido de enviar a paseo a Napoleón e instaurar en lugar suyo el régimen republicano; al paso que nosotros... al día siguiente de nuestros Sedanes, dejamos que nos enviase a paseo un Napoleón de doce años [Alfonso XIII].

Ni siquiera las consecuencias de la derrota fueron dramáticas para la economía. Lo habían sido mucho más las de los años de guerra, en los que el inevitable crecimiento de la deuda pública, única forma de hacer frente a los gastos bélicos, se vio acompañado de procesos inflacionarios y de devaluación de la peseta, que afectaron a las condiciones de vida de la población, especialmente las de los más desfavorecidos. Las pérdidas coloniales en sí, sin embargo, no acarrearon una crisis económica, si acaso lo contrario. No existió un antes y un después del 98, sino continuidad en una economía que siguió creciendo y modernizándose a un ritmo parecido a aquel al que lo había hecho en las últimas décadas del siglo XIX. Fue una consecuencia, probablemente, de la extraña relación colonial hispano-cubana, en la que el auge económico de la colonia, articulado en torno al monocultivo del azúcar, se enfrentaba a la atonía de una metrópoli incapaz de incluir a la pujante economía cubana en sus circuitos mercantiles. Según el escueto juicio de Emilio Terry, emitido en una conferencia pronunciada en 1895 en el Ateneo de Madrid, en vísperas del inicio de la guerra, «ni la península puede comprarnos nuestra producción, ni ofrecernos los artículos necesarios para nuestro consumo y trabajo agrícola e industrial». Y de economía cubana algo debía de saber quien pasaba por ser el mayor propietario de tierras de la isla.

El mercado del azúcar cubano estaba en Estados Unidos, no en España (a finales de siglo, mientras que el mercado español absorbía el 4 por ciento del azúcar cubano, el norteamericano compraba el 90 por ciento), y el de las exportaciones españolas estaba más en Europa que en las provincias de ultramar (en 1880 sólo el 10 por ciento de ellas se dirigían a Cuba, porcentaje que continuó disminuyendo en los años siguientes, de manera que en 1894 el valor de las exportaciones norteamericanas a Cuba superaba ya el de las españolas). Nunca existió un mercado común hispanocubano, algo dificultado, además, por un complejo sistema de aranceles y derechos de aduanas que, aunque ideado para defender a los productos españoles de la competencia de los de otros países, tuvo como principal consecuencia el aumento del malestar de las élites cubanas con las políticas económicas del Gobierno español.

A lo anterior hay que añadir una progresiva y constante penetración de capital estadounidense en un sistema productivo, el de la industria azucarera, cada vez más tecnificado y con mayores necesidades de inversión, para la mecanización de los ingenios pero también para la construcción de ferrocarriles destinados al transporte de la caña y el azúcar; unas necesidades de capital satisfechas más por inversores norteamericanos que españoles. Otra de las anomalías, relativa, de la relación colonial hispano-cubana —los casos de Puerto Rico y Filipinas son distintos— fue que los movimientos de capital no fueron de la metrópoli a la colonia sino al revés. El capital «español» en la isla no lo era por su origen, sino por estar en manos de españoles afincados en ella, que en muchos casos lo reinvertían en la península. No está de más recordar que la primera línea ferroviaria española —el símbolo por excelencia del desarrollo capitalista en la época— fue construida en Cuba en 1837, entre La Habana y Güines, con capital cubano; que la primera de la península, la que unía Barcelona y Mataró, fue inaugurada más de diez años después, en 1848, con una importante participación de capital cubano, y que para 1860 la red ferroviaria cubana representaba el 60 por ciento del total de la latinoamericana, construida toda con capital cubano y estadounidense.

Los beneficios del sistema colonial eran importantes para la metrópoli. Cuba era a finales del siglo XIX una de las colonias europeas más productivas del mundo y el dinero cubano uno de los sustentos del régimen de la Restauración, pero más fiscal que mercantil, de modo que era vital para el Estado pero relativamente marginal para el sistema económico. La única excepción eran sectores como el de los productores de harina castellanos, con un peso económico en cierto modo limitado pero no político, o el de regiones como Cataluña, la única con una relación de claro carácter colonial con Cuba, primero con el comercio de esclavos y después con la industria textil. No era el caso del País Vasco, que a pesar del carácter industrial de su economía llegó tarde a un mercado ocupado ya por los norteamericanos, en el que la siderurgia vizcaína no logró abrirse paso.

Se trataba de un sistema colonial más al servicio del Estado que de la economía nacional —el imperialismo no necesariamente responde sólo a la búsqueda de mercados— y de unas élites coloniales de gran peso no sólo en la isla, sino también en la península. Éstas incluían tanto a los españoles enriquecidos en Cuba, cuyas fortunas nada tenían que envidiar a las de las élites peninsulares, como a los funcionarios, principalmente militares, que durante su paso por la isla habían tejido sólidas redes de intereses con ellos. Eso explica la movilización de unos y otros en defensa del mantenimiento de las posesiones españolas en el Caribe, y en menor medida también en el Pacífico.

La guerra había sido tan costosa, en vidas humanas y en recursos económicos, que su fin tuvo también consecuencias favorables desde el punto de vista fiscal. La mejora de las cuentas públicas, resultado de las políticas de estabilización de Raimundo Fernández Villaverde, fue casi inmediata. Ya en 1899 se dio el primer —desde mediados del siglo XIX— superávit de la historia hacendaria española, que, mantenido durante una década, permitió una exitosa gestión de la deuda generada por la guerra. Sin embargo, acarreó costos para la economía del país. Una vez fracasado el intento de endosar la deuda generada por la guerra —la conocida como «deuda cubana»— a Estados Unidos o a Cuba, al Gobierno español no le quedó otra opción que asumir la cubana como propia y fusionarla con la española. Entre 1898 y 1906, el Estado español tuvo que dedicar el 43 por ciento de su presupuesto al pago de la deuda, y entre 1907 y 1919, el 36 por ciento, con consecuencias, si no desastrosas, sí bastante onerosas. Entre ellas, a corto plazo, un incremento de la inflación que afectó especialmente a las condiciones de vida de los grupos más desfavorecidos, y a medio y largo plazo, un volumen de inversiones en infraestructuras muy por debajo de lo que el país necesitaba, uno de los grandes lastres del crecimiento económico español durante toda la primera mitad del siglo xx.

En el lado positivo cabe mencionar la repatriación de capitales cubanos, con un claro efecto de dinamización y modernización de la economía española. Fruto no sólo del 98, el flujo de capitales desde Cuba hacia España, que había sido la regla y no la excepción durante la mayor parte de la relación colonial, se había intensificado ya en las décadas finales del siglo, por la falta de confianza de muchas de las grandes fortunas en la evolución política de la isla, pero alcanzó su apogeo, ya como consecuencia directa del Desastre, entre 1898 y 1906, cuando el volumen total de capitales repatriados alcanzó cifras cercanas a los dos mil millones de pesetas oro.

Hasta los efectos sobre el comercio, la actividad económica que más podría haberse visto afectada, fueron muy menores. Aunque en un primer momento hubo una lógica contracción de los intercambios comerciales, las exportaciones españolas hacia Cuba tendieron a mantenerse e incluso a crecer, y la balanza comercial entre ambos países, de manera global, fue más favorable a España después de la independencia (1899-1930) que antes de ella.

La crisis tampoco fue significativa desde el punto de vista cultural, sino más bien lo contrario. El Desastre marcó el inicio de uno de los periodos más brillantes de la cultura española de la época contemporánea. No, obviamente, como consecuencia de él, pero sí en el sentido de que no significó una ruptura con respecto a la época de la Restauración, también mucho más exitosa en sus políticas culturales de lo que la historiografía antaño supuso. Tanto la generación del 98 como los regeneracionistas fueron en gran parte hijos de la Restauración y de sus políticas culturales; se oponían a ella y se mostraban extremadamente críticos con respecto a lo que era y representaba, pero eran hijos de sus instituciones y de su universo político-ideológico. Aquello a lo que se oponían y que querían regenerar no era un mundo extraño, sino aquel que había sido el suyo y en el que crecieron y se formaron, por lo demás mucho menos estancado y arcaico de lo que se empeñaron en denostar y describir. La España de las últimas décadas del siglo XIX era un país mucho más homologable a los del conjunto del área euroatlántica de lo que la literatura del Desastre se empeñó en dibujar.

Ni siquiera la voluntad regeneracionista, tanto de los regeneracionistas propiamente dichos como de los miembros de la generación del 98, fue en sentido estricto una consecuencia del Desastre. Las propuestas de regeneración del país, a partir de la idea de una decadencia multisecular que se remontaría a la época de los Austrias, habían comenzado a proliferar desde los inicios de la Restauración, fruto del desencanto generado por el fracaso del Sexenio Democrático, con especial intensidad a partir de 1885. La mayoría de sus impulsores (Almirall, Picavea, Isern, Mallada, Ganivet, Costa, etc.) comenzaron a publicar antes de la derrota de Santiago de Cuba, con argumentos que apenas variaron una vez que tuvo lugar y muy poco diferentes de los utilizados por la posterior generación del 98, ésta sí aparentemente hija explícita del Desastre.

Aun así, cabría cuestionarse hasta qué punto incluso esa generación era tan hija del Desastre como su denominación hace suponer. Finalmente, una obra clave para las ideas de este grupo, *En torno al casticismo*, de Miguel de Unamuno, aunque publicada en 1902, recopila ensayos publicados en *La España Moderna* entre febrero y junio de 1895, una vez iniciada ya la guerra pero todavía antes de la derrota. Y no es un problema de fechas más o menos puntuales, sino que en estos ensayos, que Unamuno no modificaría en las ediciones sucesivas salvo la adición de un prólogo cuando los publicó como libro, están ya presentes todas las obsesiones de los noventayochistas: España como problema, el paisaje castellano y su significado, las relaciones entre historia y literatura, el marasmo nacional y la idea de intrahistoria. Son temas y subtemas retomados una y otra vez por sus compañeros de generación y que debían de formar parte de un imaginario compartido antes, después y al margen de la batalla de Santiago de Cuba. No es sólo el caso de Unamuno, sino también el de otra de las figuras clave de la generación, Ángel Ganivet, quien, muerto en 1898, escribió —por motivos obvios— toda su obra antes del Desastre, incluido el influyente *Idearium español*, publicado en 1897.

Por último, ni siquiera la independencia supuso una ruptura radical de las relaciones entre la isla y la península. El Partido Revolucionario Cubano (PRC) defendió casi desde el momento de su fundación que la guerra era contra el Gobierno colonial español, no contra los españoles. Así figura ya de manera explícita en el denominado Manifiesto de Montecristi, un resumen del ideario del partido redactado por José Martí y firmado por él y por Máximo Gómez el 25 de marzo de 1895. La idea será repetida una y otra vez por muchos de sus líderes, empezando por el propio Martí, hijo de valenciano y canaria, quien en un discurso pronunciado en Tampa el 26 de noviembre de 1891 dirá:

> ¿Temer al español liberal y bueno, a mi padre valenciano, a mi fiador montañés, al gaditano que me velaba el sueño febril, al catalán que juraba y votaba porque no quería el criollo huir con sus vestidos, al malagueño que saca en sus espaldas del hospital al cubano impotente, al gallego que muere en la nieve extranjera, al volver de dejar el pan del mes en la casa del general en jefe de la guerra cubana? ¡Por la libertad del hombre se pelea en Cuba, y hay muchos españoles que aman la libertad! ¡A estos españoles los atacarán otros: yo los ampararé toda mi vida! A los que no saben que esos españoles son otros tantos cubanos, les decimos: ¡mienten!

No hubo, por tanto, expulsiones de españoles ni campañas de «desespañolización» una vez acabada la guerra; si acaso lo contrario, campañas de «españolización» como forma de contrarrestar la voluntad anexionista norteamericana. La reconciliación fue rápida, incluso desde el punto de vista oficial. A diferencia de lo que había ocurrido tras la disgregación imperial de un siglo antes, cuando el establecimiento de relaciones diplomáticas con las nuevas repúblicas tuvo que esperar décadas, en el caso de Cuba ya en 1903 llegaba a Madrid el primer embajador cubano (la República de Cuba había sido proclamada sólo un año antes, el 20 de mayo de 1902). Ello al margen, por supuesto, de algunos conflictos puntuales entre españoles y cubanos en los años que siguieron al fin de una guerra particularmente cruenta y, por consiguiente, con muchas heridas todavía abiertas, caso de los producidos por los intentos de obligar a los centros españoles de la isla a que quitasen la bandera española de sus balcones y fachadas. Lo sorprendente es que los españoles se considerasen con derecho a exhibir en sus centros una bandera que hasta pocos meses antes había sido la del enemigo.

Los españoles siguieron llegando a Cuba en mayor cantidad que antes del fin del dominio colonial. La «españolización» de la isla, si entendemos por ésta la llegada masiva de inmigrantes iniciada en las últimas décadas del siglo XIX, no sólo no se interrumpió sino que siguió aumentando; en 1910 el número de españoles establecidos en la isla duplicaba ya los 129.000 que habían permanecido en ella después de 1899, y para 1930 el total de españoles llegados a Cuba tras la independencia era de 724.000. Afirmar que la isla se volvió más española después de la independencia que antes de ella puede parecer una *boutade*, pero lo es menos si consideramos el impacto de estos nuevos emigrantes en la composición de la población —en 1919 los españoles suponían el 8,5 por ciento de la población cubana—, los hábitos alimentarios, las costumbres, etc.

La única ruptura real fue la que tuvo lugar a escala oficial, con un claro desinterés por parte del Estado español respecto de unas provincias a las que hasta el momento de la derrota consideraba parte de España. Ello tuvo una de sus expresiones más dramáticas en el no reconocimiento del derecho de los nacidos en ellas a seguir siendo ciudadanos españoles, incluidos aquellos, muchos, que habían combatido contra los rebeldes, ni tampoco a percibir los sueldos y compensaciones a los que se habían hecho acreedores por su participación en la guerra. Tal como sancionaba la Real Orden del 26 de julio de 1900, «los habitantes naturales de las colonias cedidas por el Tratado de París de 11 de abril de 1899 deben reputarse como extranjeros». El problema fue especialmente dramático en el caso de Cuba, no sólo por la mayor entidad y duración del conflicto bélico, sino porque fue el único de los territorios de ultramar cuya personalidad jurídica no definió el Tratado de París, que quedó supeditada a lo que decidiese el Congreso estadounidense.

LA IMPORTANCIA DEL 98

Las repercusiones, al margen del carácter menor del hecho bélico, de unas secuelas económicas no tan catastróficas y de la continuidad política y cultural, fueron sin embargo dramáticas, y esa «fecha terrible y fatal», como la calificaría todavía en 1914 José Ortega y Gasset, seguiría resonando en la conciencia española a lo largo de todo el siglo XX. Es una de las pocas, tres o cuatro, con indiscutible derecho a figurar en el selecto grupo de los días que conformaron la España del siglo XX, símbolo de un hecho histórico que, junto con la Guerra Civil, el franquismo y la transición a la democracia, forma parte de la trama sobre la que se tejió la historia contemporánea del país. No parece arriesgado afirmar que los ecos de lo ocurrido esa mañana de julio de 1898 en un rincón de la geografía cubana, que la mayoría de los españoles actuales tendrían dificultades para ubicar en un mapa, seguirían resonando en la vida española durante todo el siglo siguiente, incluidas las primeras décadas del actual.

En un primer momento, porque esa derrota cerraba una guerra en la que más de sesenta mil familias perdieron a alguno de sus miembros y cuyas secuelas afectaron a casi un cuarto de millón de jóvenes, cifras espeluznantes que dejan pocas dudas sobre hasta qué punto la tragedia de la guerra se hizo visible hasta el último rincón de la geografía española; en un segundo porque, una vez terminada ya la guerra, la derrota trastocó la forma en que muchos españoles veían y analizaban el país y su futuro. Fenómenos como el éxito de los nacionalismos vasco y catalán, el relativo fracaso del español, la pervivencia del militarismo, el catastrófico colonialismo español en el norte de África, el enconamiento de la cuestión religiosa, el crecimiento de las alternativas republicanas o, de manera general, la polarización social y política de las primeras décadas del siglo xx, culminada con el enfrentamiento de la Guerra Civil, tienen algunas de sus claves en el Desastre del 98. Y no estamos hablando de asuntos menores, sino de aquellos que marcaron la evolución de España durante todo el siglo xx, con repercusiones que se han prolongado hasta el xxi.

Una crisis de nación

El Desastre del 98 tuvo un efecto demoledor sobre el proceso de construcción nacional español. La sensación de que la nación se estaba «deshilvanando» es perceptible en muchos autores de la época, para quienes ésta era la consecuencia más grave de la derrota, no la rebelión de carlistas y republicanos que tanto habían temido los políticos y que finalmente nunca llegó a producirse.

Aunque las raíces de los nacionalismos periféricos se remontan a unas décadas antes de la derrota del 98, fue sólo a partir de esta fecha cuando los nacionalismos catalán y vasco —también en menor medida el gallego— abandonaron su carácter de movimientos románticos para convertirse en los proyectos políticos que tan larga trayectoria tendrán en la historia posterior de España. El 98 impulsó la conversión de antiguos movimientos regionalistas en nacionalismos histórico-étnico-culturales, basados en la idea de la existencia de naciones diferentes de la española que reclamaban el derecho a la soberanía política. Se trató de un proceso complejo, cuyo origen no puede reducirse sólo al fracaso del 98, y en el que paradójicamente pudo desempeñar un papel importante el éxito del proceso de construcción nacional español previo a la derrota, con unos nacionalismos periféricos reactivos al fracaso del 98 pero también al éxito anterior del nacionalismo español hijo de la revolución liberal.

Al margen de estas consideraciones, sin duda de una relevancia historiográfica obvia pero marginales para lo que aquí nos interesa, fue justo inmediatamente después de la derrota, en septiembre de ese mismo 1898, cuando el Partido Nacionalista Vasco, fundado tres años antes, obtuvo su primer cargo público, con la elección de su fundador, Sabino Arana, como diputado provincial por Bilbao; fue también cuando Joan Maragall escribió su «Oda a España», que después de varias alusiones explícitas a la guerra perdida concluye con el conocido y contundente «¡Adiós, España!», y cuando, apenas tres años después, en 1901, el nacionalismo catalán cristalizó como movimiento político con la fundación de la Lliga Regionalista.

El 98 supuso un cambio no sólo cuantitativo sino también cualitativo respecto al regionalismo romántico anterior. A través de dos caminos, el de la deslegitimación de la nación española, una nación fracasada —éste más difícil de mostrar en datos concretos, pero parte del sustrato último de la mayoría de los nacionalismos no estatales españoles hasta nuestros días—, y el de ofrecer un modelo para las futuras liberaciones nacionales; si Cuba lo había conseguido, ¿por qué no podían lograr lo mismo todas las naciones peninsulares, según los nuevos discursos nacionalistas, oprimidas por España?

En clara simetría con lo anterior, el proceso de construcción nacional español, exitoso hasta ese momento, entró en una profunda crisis a partir del 98. A lo largo del siglo XIX, y en el contexto común al conjunto de las revoluciones liberales euroamericanas, se había ido sedimentando un relato de nación, compartido sin grandes problemas tanto por las élites políticas y económicas como por el conjunto de las complejas clases medias de la época, y sin grandes variaciones de unas regiones a otras, si acaso con mayor éxito en aquellas en las que los procesos de modernización habían sido más precoces e intensos, en especial Cataluña y el País Vasco.

Tan poco cuestionado que un autor como Francisco Pi y Margall pudo escribir en 1877 (*Las nacionalidades. Escritos y discursos sobre federalismo*), como una verdad evidente, que «la nación está vigorosamente afirmada en el pensamiento y en el corazón de todos los españoles [...]. En medio de tantos y tan generales trastornos como nos han afligido, ¿en qué pueblo ni en qué provincia se ha visto jamás tendencia a separarse de España?». Nada demasiado diferente de lo que unos pocos años antes, en 1873, había escrito Benito Pérez Galdós en uno de sus *Episodios nacionales*, el titulado *Zaragoza*: «Su permanencia nacional [la de España] está y estará siempre asegurada». Constituyen un tipo de afirmaciones posiblemente ciertas hasta 1898, pero que se volvieron mucho más problemáticas a partir de ese año, cuando fueron varios los pueblos y provincias donde se hizo pública la voluntad de separarse de España, y la permanencia nacional, lejos de estar asegurada para siempre, pasaría a ser cuestionada por sectores relativamente amplios de la sociedad española, hasta convertirse en uno de los problemas más persistentes de toda la historia posterior del país.

Ambos fenómenos, la conversión de los nacionalismos periféricos en movimientos políticos y la crisis en el proceso de construcción nacional español, estaban directamente interrelacionados. La idea de una España fracasada, opuesta al progreso y la modernidad, de la que la derrota sufrida en Cuba sería una prueba palpable, va a ser parte constitutiva del imaginario de los nacionalismos periféricos hasta nuestros días, aunque con particular intensidad en torno a 1898. Aunque son de sobra conocidos los exabruptos y delirios antiespañoles de Sabino Arana sobre esa raza inferior que habitaba al sur del Ebro, lo son menos los adjetivos, como «semitas», «vagos», «gitanos» o «musulmanes», utilizados por Pompeu Gener o Valentí Almirall referidos a los miembros de esa nación degenerada que sería España.

También, de manera simétrica, del de muchos españoles que, sin la posibilidad de acogerse a una nacionalidad alternativa, encontraron refugio en una española doliente en la que la conquista de la modernidad sólo era posible a partir de la renuncia a lo que España era o había sido. No era un problema de decadencia sino, como afirmaría Ortega varios años después en su obra *España invertebrada* (1921), de anormalidad, de una nación malformada genéticamente, que en todos los momentos decisivos de su historia habría elegido el camino equivocado.

Una historia de España que, para la generación del 98 y su alargada sombra —recuérdese el «de todas las historias de la historia, sin duda la más triste es la de España, porque termina mal» de Jaime Gil de Biedma, ya entrada la segunda mitad del siglo XX—, habría sido básicamente la de un fracaso. Ahí se encuentra el origen de esa forma de contar España, de la que se burlaba José Antonio Maravall en *Estado moderno y mentalidad social* (1972), a partir de aquello de lo que supuestamente había carecido, una especie de hueco metafísico en el que España se define en función de lo que no había tenido: ni feudalismo, ni burguesía, ni Ilustración. Un «no había tenido» que llegaría a su máxima expresión con Ortega y Gasset, para quien, según sus propias palabras, primero el problema fue que España no había tenido siglo XIX, después que no había tenido Ilustración, más tarde que no había tenido siglo XVI y, finalmente, que ni siquiera había tenido Edad Media (*España invertebrada*). ¡Si hubiese vivido más es posible que hubiera descubierto que el problema era que no había tenido Neolítico! España no estaba enferma, sino que era una enfermedad. El resultado de todo ello fue el célebre, y hasta cierto punto patético, «España como problema y Europa como solución» con el que, de una u otra manera, comulgaron todos los que buscaron una salida a las crisis de entresiglos y la mayoría de los que posteriormente buscaron una solución a los males de España.

La idea del fracaso histórico de España como nación formará parte del bagaje de las élites culturales del país hasta el último cuarto del siglo XX, cuando el —en muchos aspectos exitoso— proceso de transición política condujo a una lectura normalizada de la historia del país, uno más de los europeos del área atlántica y no una excepción. Hasta ese momento la idea de la historia de España como la de un fracaso, sobre todo después del experimentado, éste sí real y sin matices, por la Segunda República, seguirá siendo una de las claves no sólo de las interpretaciones históricas, sino también de los proyectos políticos. Por esa senda dolorosa de un nacionalismo de dudas metafísicas sobre el ser de España caminarán —quizá mejor se arrastrarán— generaciones de españoles, primero la llamada generación del 98 y, tras ella, una larga lista con lo más granado del pensamiento español del siglo pasado (Ramón Menéndez Pidal, Américo Castro, Claudio Sánchez-Albornoz, Salvador de Madariaga, Pedro Laín Entralgo, Julián Marías, etc.).

Tampoco debe desdeñarse, en sentido contrario, el papel que la guerra de Cuba desempeñó en el desarrollo de un nacionalismo español radicalizado, alimentado por el regreso de militares e indianos, para quienes la respuesta a lo ocurrido en Cuba y Puerto Rico, y en menor medida también en Filipinas, pasaba por un reforzamiento del relato de nación español más intransigente. España debía reafirmar su españolidad para evitar que en el futuro otras regiones pudieran seguir el camino abierto por las provincias españolas de ultramar. Era un nacionalismo español reactivo, presente de manera particularmente intensa en ciertos sectores militares, uno de cuyos ejes sería el de que no se repitiera lo de Cuba. El «peligro catalán» o, de manera más general, la «amenaza separatista» pasarán a formar parte del ADN ideológico del nacionalismo español, hasta el punto de que sin ellos resulta prácticamente incomprensible.

El militarismo

Evidentemente el militarismo, entendido como la intervención de los militares en la vida política, no tiene su origen en el 98, sino que se remonta, en España lo mismo que en el conjunto del mundo euroamericano, a las revoluciones liberales y el nacimiento de un nuevo tipo de ejército, leal no al rey o al Gobierno sino a la nación. Es un fenómeno común al conjunto de Occidente, facilitado en el caso español por la militarización de la Administración en las últimas décadas del siglo XVIII, cuando marinos y militares tendieron a monopolizar la burocracia del Estado, pero sin que de manera general pueda considerarse una peculiaridad española o del mundo hispánico.

La intervención de los militares en la vida política fue frecuente en todos los países del área euroamericana durante la mayor parte del siglo XIX, de manera general, con un marcado carácter ideológico y no de políticas de Estado. La participación de los «espadones» en la vida política española del siglo XIX, desde Espartero y Narváez hasta Serrano y Prim, no se produjo como líderes del ejército, sino de un determinado partido, que los encumbraba y al que permitían llegar al poder. Tenía, por paradójico que pueda parecer, un cierto carácter civilista. Llegaría a su culminación con el régimen de la Restauración, nacido de un golpe militar, el pronunciamiento de Sagunto del 29 de diciembre de 1874, pero en el que los militares cedieron desde el primer momento el poder a los civiles, manteniendo, como ocurría en otros muchos países, su autonomía y poder en la sombra.

La derrota del 98 alumbró un nuevo tipo de militarismo, fruto de la humillación por cómo se había producido un desastre militar sin paliativos, pero sobre todo de cómo la interpretaron jefes y oficiales, como el resultado de la traición de unos políticos que primero habrían escatimado los recursos requeridos para mantener un ejército y una armada a la altura de las necesidades de la nación, después habrían firmado el alto el fuego sin que las mejores unidades militares hubiesen llegado siquiera a entrar en combate, como afirmaba un informe del teniente general Luis Pando Sánchez, jefe del Estado Mayor del último gobernador de Cuba («de haber seguido la guerra, a pesar de los triunfos indebidos de los yankees, habríamos tenido una paz honrosa»), y por último, una vez consumada la derrota, habrían buscado convertirlos en los únicos responsables de ésta. Las dos primeras interpretaciones son discutibles, puesto que la situación de la hacienda española en las últimas décadas del siglo XIX no permitía demasiadas alegrías presupuestarias y continuar la guerra no parecía tener mucho sentido una vez destruida la flota, y la tercera es posible que directamente sea errónea, ya que para la mayor parte de la opinión pública, salvo pequeños grupos marginales, era bastante obvio que la debacle había sido responsabilidad de los políticos mucho más que de los militares.

No obstante, al margen de la falsedad o no de estas interpretaciones, el inútil sacrificio de la flota, la humillación de una derrota aceptada casi sin combatir y la sensación de abandono, antes y después de la guerra, cambiaron de manera radical la forma en que los militares entendían su relación con el poder. No se trataba ya de participar en la vida política al frente de un partido ni de mantenerse como un poder en la sombra, sino de salvar a la nación de unos políticos responsables de la derrota por el estado de abandono en que habían dejado al ejército e incapaces de asumir su responsabilidad en ella.

A juicio de los militares, lo que los políticos habían hecho era lavarse las manos, dejando al ejército y la marina como únicos responsables del desastre. Así lo demostraban intervenciones en las Cortes como la del diputado conde de las Almenas, el 12 de septiembre de 1898, quien afirmó que «hay que arrancar de los pechos muchas cruces, y hay que subir muchas fajas desde la cintura hasta el cuello». No sólo se dudaba del heroísmo de los militares (las muchas cruces que había que arrancar), sino también de la forma en que habían dirigido la guerra (las fajas convertidas en sogas, una clara alusión a la necesidad de depurar responsabilidades militares).

Eran un tipo de expresiones, habituales también en la prensa, que los militares tendieron a interpretar como ataques al ejército, pero también a la nación. Fue el caldo de cultivo perfecto de un nuevo militarismo, conservador y aislado de la sociedad civil, que sustituyó al liberal hegemónico anteriormente, al servicio ya no de los partidos políticos sino en contra de ellos, con un marcado matiz antiparlamentario y modernizador. Hay en él mucho de crítica regeneracionista a unas Cortes ilegítimas, por su dependencia del caciquismo, e incapaces de defender los auténticos intereses de la nación, incluido el del mantenimiento de un ejército capaz de defender su integridad territorial. Las quejas de los militares por la insuficiencia de los presupuestos habían sido constantes en las revistas militares antes del estallido de la guerra, especialmente durante el conocido como «presupuesto de la paz», aprobado por el Gobierno presidido por Emilio Castelar entre diciembre de 1892 y marzo de 1895, cuando el dinero destinado a las fuerzas de ultramar se había reducido de forma drástica, para muchos militares una de las claves de la derrota de tres años después.

Ese sentimiento, ampliamente extendido entre los militares, afianzaría un nuevo tipo de intervencionismo castrense, basado en el derecho —más bien el deber— de salvar a la nación, al margen y, si era necesario, en contra de las autoridades civiles, y llevaría a la toma directa del poder, a las dictaduras de Miguel Primo de Rivera y Francisco Franco.

El 98 marca así una línea divisoria clara entre el pronunciamiento decimonónico y el golpe de Estado del siglo xx, el primero basado en el derecho de los militares a intervenir en la vida política, pero con un claro matiz civilista, ya que en cuanto constitucionalistas estaban condenados a ceder protagonismo a la élite civil, integrada en su mayoría por abogados, encargada de redactar leyes y reglamentos, y el segundo fundamentado en lo mismo, pero con una no menos clara desconfianza hacia el poder civil, fundamentada en la idea, ampliamente extendida en los círculos militares, de que la causa de la humillación del 98 había sido la traición de los políticos, que les habrían enviado a una guerra perdida de antemano sin las armas y los buques que les hubiesen permitido ganarla.

Era un tipo de militarismo reactivo, frente a la traición de los políticos pero también a la del pueblo. La desastrosa guerra colonial cubana, con sus miles de muertos y las dantescas imágenes de los soldados repatriados arrastrándose camino de sus ciudades y pueblos de origen, generó en la cultura popular española un odio generalizado a la guerra, cristalizado en un fuerte sentimiento antimilitarista y de rechazo a cualquier nueva aventura colonial. Ello constituía una doble ofensa a un ejército convencido de que en la guerra de Cuba se había limitado a cumplir su deber de defender la unidad de la patria y de que la expansión colonial africana era la única forma de reparar la afrenta caribeña.

Las guerras de África y sus relaciones con el 98

Tampoco la desafortunada aventura colonial española en el norte de África, que envenenará la vida política española durante las tres primeras décadas del siglo XX, con el dramático epílogo del protagonismo de los militares africanistas en el golpe de Estado de 1936, tuvo estrictamente su origen en la derrota del 98. El norte de África era una especie de destino manifiesto para las ambiciones coloniales españolas, y los primeros intentos de expansión colonial al sur del estrecho se remontaban a varias décadas atrás, a la guerra de África de 1859-1860.

Seguirá presente en la política colonial española, así como en la de otras potencias europeas, durante la mayor parte de la Restauración. Lo hará como política de Estado pero también como proyecto de la sociedad civil, con la fundación en 1877 de la Asociación Española para la Exploración del África, filial de la internacional promovida por Leopoldo II de Bélgica, y en 1883 de la Sociedad Española de Africanistas y Colonialistas, que casi de inmediato patrocinaría las expediciones de Manuel Iradier a Guinea y de Emilio Bonelli a Río del Oro, el origen de lo que después serían las colonias españolas de Guinea Ecuatorial y el Sáhara.

Lo novedoso, a partir de la pérdida de los territorios de ultramar, fue que África pasó de ser uno de los posibles escenarios de la expansión colonial a constituir el único, con el añadido, desde la perspectiva militar, de convertirse en el escenario donde poder vengarse de las humillaciones de Cuba y Filipinas. Una venganza que, dado el peso de los militares que habían participado en las guerras ultramarinas, era la del ejército en su conjunto; así, de los cincuenta y cinco ministros de la Guerra que hubo en España entre el inicio de la primera guerra cubana (1868) y el fin de la Restauración (1930), treinta y cuatro fueron generales veteranos de las guerras de Cuba.

Sin embargo, no fueron sólo los militares los que vieron en África un reemplazo a las pérdidas caribeñas y asiáticas. Análisis parecidos hizo también la prensa, y prácticamente desde el mismo momento de la derrota:

> Pierda España sus barcos y sus marinos, pierda sus colonias, pierda su dinero [...] podremos ser grandes, con la grandeza moral de un pasado inenarrable y con la grandeza territorial de esa África, que invita a cumplir [...] una misión providencial, que acaban de interrumpir en otras partes tagalos y filibusteros. [*El Norte de Castilla*, 9 de julio de 1898.]

La Iglesia católica y el 98

Tampoco los conflictos en torno a la Iglesia católica fueron en sentido estricto un problema del 98, sino uno heredado de las reformas liberales decimonónicas, pero experimentaron un resurgimiento con motivo del Desastre y sus consecuencias. El proceso de recuperación de presencia pública —y poder— por parte de la Iglesia había sido claro a lo largo de toda la Restauración: misiones populares, jubileos, peregrinaciones, catecismos populares, prensa, círculos de obreros y, sobre todo, el control «escandaloso» —el calificativo lo empleó el conde de Romanones en una intervención en las Cortes, en 1901— de la educación.

Esta voluntad de presencia pública se vio reflejada en la celebración, en 1889, 1890, 1892 y 1894, de sendos congresos católicos nacionales, expresión de una nueva Iglesia restaurada que, una vez superado el trauma de las desamortizaciones y la revolución liberal, buscaba recuperar su liderazgo político y social. Se trató de un proyecto que, lejos de aminorarse, continuó después del Desastre con la celebración en 1899 del Congreso Católico Nacional de Burgos, de claro matiz integrista y antiliberal.

Esta ofensiva neocatólica tendría plasmación política, inmediatamente antes del Desastre, en la propuesta de creación de un partido católico en torno a la figura de Camilo García de Polavieja, el llamado General Cristiano, resurrección de un viejo proyecto de los católicos radicales para abortar la, según ellos, amenaza liberal de una instauración efectiva de la libertad de cultos, cátedra, expresión y enseñanza, en contra de lo establecido por el *Syllabus* del papa Pío IX, y después de éste en la formación del Gobierno conservador de Francisco Silvela, con De Polavieja como hombre fuerte, si no integrista sí de claro signo neocatólico.

El resultado fue la identificación por una parte de la opinión pública entre el régimen que había llevado al Desastre y la Iglesia católica, cuyo apoyo a la guerra había sido claro y sin fisuras (llegó a calificarla de «nueva cruzada» o «reconquista»). Tras la derrota, en lugar de reconocer su responsabilidad, la achacó a la descristianización liberal, afirmando el carácter innegociablemente católico de la nación española y la necesidad de volver a un Estado rígidamente confesional. Fue el origen del nacionalcatolicismo como una de las claves del debate político español del siglo XX, una especie de regeneracionismo católico también de larga andadura posterior.

No era ésta la interpretación de los regeneracionistas más radicales, que achacaban a la Iglesia el origen de muchos de los males del país y hasta el de la decadencia nacional en su conjunto. Una vieja polémica esta última —en gran parte, y como la mayoría de las decimonónicas, de carácter historiográfico— en la que autores como Gumersindo de Azcárate habían argumentado que el origen de la decadencia sufrida por España en el siglo XVII estaba en la desastrosa política de defensa del catolicismo llevada a cabo por sus reyes. Una interpretación histórica enérgicamente rebatida por los sectores católicos, con Marcelino Menéndez Pelayo a la cabeza, pero que va a formar parte del ideario político de muchos de quienes en las primeras décadas del siglo XX se plantearon el problema de España, o el «España como problema», casi un género en la cultura de la época.

Así, aunque las bases del conflicto entre clericales y anticlericales eran anteriores al 98, tendió a recrudecerse después de él, y la idea de la Iglesia católica como el principal obstáculo para la modernización de España pasó a ser un lugar común tanto del incipiente movimiento obrero como de los liberales y los republicanos. Es en este contexto en el que hay que situar la afirmación efectuada el 18 de diciembre de 1900 por Canalejas en el Congreso de los Diputados de que era necesario «dar batalla al clericalismo», así como también el estreno, apenas un mes después de la intervención parlamentaria de Canalejas, de *Electra*, de Pérez Galdós, un duro alegato contra la influencia social del clero, reflejo del reverdecido anticlericalismo del último Galdós, que no es tanto el suyo como el de una generación. El mismo que exhibió otra vieja figura del liberalismo republicano, Emilio Castelar, que en los últimos meses de su vida recuperó un anticlericalismo beligerante, mayor incluso del que había dado muestras en la efervescencia revolucionaria de los años del Sexenio (1868-1874), y que tanto contrastó con la moderación de la que había hecho gala con anterioridad al Desastre.

A partir de ahí el anticlericalismo y el odio a curas y frailes pasarían a formar parte del ADN ideológico de los opositores al régimen de la Restauración. Figuras políticas como Alejandro Lerroux, Vicente Blasco Ibáñez o José Nakens harían de la oposición a la Iglesia uno de los ejes de sus movilizaciones. Herencia que seguiría presente en la cultura política del republicanismo español, incluida la de muchos de los fundadores de la Segunda República, para quienes la salvación del país pasaba por la eliminación del poder de la Iglesia y de su presencia en la vida pública.

El 98 y el impulso republicano

El movimiento republicano, tras la accidental y sin demasiado apoyo popular proclamación de la Primera República, cobró a partir del Desastre un nuevo impulso, no ya como un movimiento que buscaba sólo un cambio en la jefatura del

Estado, sino como un auténtico proyecto de refundación nacional, en algunos aspectos casi milenarista. Culminaría con la proclamación de la Segunda República, que no por casualidad, y a diferencia de la Primera, optó por cambiar los colores de la bandera nacional, una forma simbólica y explícita de indicar que se trataba de la refundación de la nación y no sólo de un cambio en la forma de gobierno.

Esta idea de renovación hundía sus raíces en la catarsis generada por la crisis del 98 y el diagnóstico, repetido una y otra vez por el discurso republicano, de que la responsabilidad de la decadencia era de la monarquía y de las estructuras caciquiles y clericales que medraban en torno a ella. La movilización política republicana, con procesiones cívicas, meriendas democráticas y giras campestres, se multiplicó en la década posterior al Desastre, contribuyendo a la difusión de una cultura republicana que fue la que estuvo detrás de la proclamación de la República en 1931. Una cultura para la que la decadencia no era un hecho coyuntural, limitado a una fecha concreta, sino que se remontaba al nacimiento de la modernidad. La historia de una nación a la que la monarquía habría impedido acceder a ninguna de las grandes revoluciones que habían marcado el camino del progreso en Europa, desde el Renacimiento hasta la Ilustración.

Los nuevos movimientos intelectuales

El nacimiento y desarrollo de movimientos político-intelectuales como, obviamente, la generación del 98, pero también en gran parte del regeneracionismo, que tan honda impronta dejarán en la vida intelectual y política de las siguientes décadas, prolongando sus influencias hasta por lo menos el momento de la Transición, tampoco pueden entenderse sin lo ocurrido ese día de 1898 en la entrada de la bahía de Santiago de Cuba.

Ambos, por lo demás estrechamente entrelazados, hundían sus raíces en la Restauración, con una visión pesimista sobre el país, en gran medida injustificada —para finales del siglo XIX España era la décima potencia económica del mundo—, pero que había calado hondo en el imaginario de las élites españolas. Fue, sin embargo, el Desastre del 98 el que agudizó hasta límites casi enfermizos el pesimismo y el «España como problema», origen de la mayoría de las propuestas político-intelectuales de ambos movimientos, con la conversión en eje de sus reflexiones de aspectos casi metafísicos como el ser de España, la incomodidad con una historia que debería haber sido otra, la necesidad de una refundación nacional, el hacer borrón y cuenta nueva con un pasado equivocado, la excepcionalidad de la historia española, etc.

Se trató de una compleja operación historiográfica que permitió convertir la derrota en desastre y éste en categoría historiográfica, una especie de crisis de autoestima colectiva que afectó no sólo al presente sino también, o quizá sobre todo, al pasado y al futuro, cuya alargada sombra se prolongará durante décadas sobre la conciencia colectiva de los españoles. Constituyó el origen de una nueva forma de encarar los proyectos colectivos hasta el día de hoy, en aspectos concretos, como la necesidad de modernización (política hídrica, obras públicas, reforma educativa, industrialización, etc.), pero también en otros más abstractos y de consecuencias más difíciles de evaluar, como el «España como problema y Europa como solución» de tan larga pervivencia en la vida del país.

Esto por lo que se refiere a la respuesta que podríamos encuadrar dentro de los parámetros «ilustrados». Hubo otra, antiilustrada, presente también con gran fuerza en muchos regeneracionistas y miembros de la generación del 98, que va a tener asimismo un largo recorrido en la historia española posterior, desde el nacionalcatolicismo hasta el fascismo. Esto no significa que el 98 o el regeneracionismo sean también el origen del nacionalcatolicismo o del fascismo español posterior, pero sí que algunas de sus ideas tendrán continuidad en estos movimientos. Las izquierdas y las derechas no son compartimentos estancos, sino llenos de complejos y contradictorios canales de comunicación. Hubo bastante de Unamuno y Ortega, por no decir de Costa, en el fascismo español, pero en ningún caso sólo Unamuno, Ortega y Costa ni, menos todavía, todo Unamuno, Ortega y Costa.

Esto último en lo tocante a los grandes proyectos político-intelectuales, pero incluso en otros de carácter más aparentemente técnico la influencia del 98 fue también decisiva y, lo mismo que en aquéllos, no necesariamente benéfica. Fue lo que ocurrió con el triunfo de políticas económicas de marcado carácter proteccionista como respuesta al convencimiento de la necesidad de modernizar un sistema económico a cuyo atraso atribuían gran parte de la responsabilidad de la derrota. Una modernización para la que consideraron imprescindible defenderlo de la competencia extranjera. El inicio de una vía autárquica, de nacionalismo económico, que seguirá gravitando sobre la política del país durante varias décadas, aunque, al igual que en el caso del regeneracionismo y el 98, el origen de estas políticas proteccionistas se remonta también a antes del Desastre. La voluntad proteccionista por parte de los distintos gobiernos que se suceden en el poder a partir de los inicios de la década de los noventa —antes por lo tanto del inicio de la guerra— es también clara.

LAS CONSECUENCIAS DEL 98

La consecuencia más inmediata —también la más obvia— fue la pérdida de los últimos restos del imperio colonial en América y Asia, una pérdida especialmente dolorosa y traumática en el caso de Cuba, sin duda la joya de la corona de las posesiones ultramarinas españolas. Sin embargo, a pesar de ser mil veces repetida, no parece ocioso matizar esta afirmación en el sentido de que los perdidos no fueron los últimos restos del imperio colonial español, sino, en sentido estricto, las únicas colonias, junto con las africanas, que España tuvo. El resto de los territorios americanos, los independizados en la segunda y tercera décadas del siglo XIX, no fueron colonias de la nación española, sino reinos de una monarquía compuesta, la monarquía católica o monarquía hispánica, un tipo de organización política que, por lo que se refiere a la forma de articulación de sus territorios, poco o nada tenía que ver con un Estado nación contemporáneo. En ella la relación de dependencia no era con la nación española, en ese momento inexistente en el sentido actual; lo era con el rey. Ninguno de los territorios del imperio era una colonia de otro o, quizá de manera más precisa, todos lo eran del rey, legítimo y legal propietario de los reinos, provincias y señoríos que constituían la monarquía, en Europa, América, Asia y Oceanía.

Fueron la muerte de Fernando VII y la transición al régimen liberal las que hicieron de Cuba, Puerto Rico, Filipinas y demás islas del Pacífico, únicos territorios no europeos de la antigua monarquía que siguieron formando parte del nuevo Estado nación español, las colonias que antes no habían sido. Es algo que explica esa extraña y en una primera aproximación inexplicable paradoja de que la pérdida de territorios que se extendían desde el sudoeste del actual Estados

Unidos hasta Tierra de Fuego pasase prácticamente desapercibida para la opinión pública española, y de que la pérdida de un puñado de islas en el Caribe y el Pacífico, apenas las migajas de lo que había sido el antiguo imperio, ocasionase uno de los grandes dramas colectivos de la historia contemporánea española.

Una diferencia, la de disimilar importancia para el imaginario español de las emancipaciones de las primeras décadas del siglo XIX y el despojo por Estados Unidos de la última del mismo siglo, que no tiene que ver —parece obvio— con la importancia objetiva de lo perdido en un momento y otro. A pesar de la relevancia que sin duda Cuba tuvo para el Estado nación español, ésta no era para nada equiparable a la que habían tenido los reinos americanos para la monarquía católica. Es cierto que a partir de mediados del siglo XIX la conocida como Perla de las Antillas, denominación que es ya un reflejo de su valor, se convirtió en una de las colonias europeas más prósperas y ricas del mundo. No lo es menos, sin embargo, que a partir de comienzos del siglo XVIII, con la Paz de Utrecht (1713-1715), la monarquía católica se convirtió en mucho más americana de lo que lo había sido y de lo que ninguna de sus rivales europeas llegaría a serlo jamás. Fueron los recursos de los reinos americanos, en particular los del virreinato de Nueva España, los que permitieron a los Borbones españoles, que habían pagado su acceso al trono de Madrid con la pérdida de todos los reinos y señoríos europeos de la monarquía, salvo los de la península Ibérica y Baleares, mantener su papel de potencia global durante lo que restaba del siglo XVIII.

Es decir, y parece innecesario precisarlo, la importancia de las pérdidas de principios del siglo XIX fue muy superior, de una magnitud en realidad incomparable, a la de las de 1898, algo que contrasta de manera llamativa con las repercusiones de unas y otras en la memoria colectiva de los españoles, casi imperceptibles en el caso de las primeras y omnipresentes en el de las segundas. Nadie calificó a 1821, año de la declaración de independencia de los dos virreinatos americanos más importantes, el de Nueva España y el de Perú, o a 1824, año de la batalla de Ayacucho, con la derrota final de los ejércitos realistas en la América continental, como el «Desastre de 1821» o el «Desastre de 1824»; ni nadie utilizó tampoco, al menos de forma pública, frases equivalentes a «más se perdió en Cuba», cuando obviamente fue mucho más lo perdido en México o Perú que en la isla caribeña.

Pero no es sólo que nadie calificara de «desastre» las pérdidas de las primeras décadas del siglo XIX, sino que —y también en clara contraposición con lo ocurrido en 1898— casi nadie habló de ellas. Los periódicos españoles de la época en que se produjo el colapso imperial, en los años veinte del siglo XIX, apenas prestaron atención a las derrotas americanas, tanto durante el Trienio Liberal (1820-1823) como en los diez años siguientes de absolutismo fernandino. Y no sólo la prensa; tampoco las memorias de quienes vivieron en esa época, como las de Ramón Mesonero Romanos, el conde de Tarifa, el marqués de Mendigorría o Agustín de Argüelles, prestan atención a lo que estaba ocurriendo en América, en claro contraste con las de los que vivieron el Desastre del 98.

Los motivos de esta inexplicable anomalía no se hallan en la importancia objetiva de una y otra pérdidas; habría que buscarlos en el proceso de construcción nacional español, apenas iniciado en 1821 y ya muy avanzado en 1898. Así pues, quien perdió los reinos americanos no fue la nación española, sino el rey católico, y quien perdió Cuba, Puerto Rico y Filipinas no fue el rey, sino la nación española.

Tampoco quienes lucharon por la defensa de unos y otros fueron los mismos. Los que combatieron para mantener el dominio de la monarquía católica en la América continental fueron los ejércitos realistas, y el que perdió la batalla de Ayacucho no fue el ejército español, sino el Ejército Real del Perú, unos ejércitos realistas formados básicamente, desde Argentina hasta México, por americanos. La ruptura fue con el rey católico, no con España, algo que las propias declaraciones de independencia americanas repiten de manera reiterativa: «Es voluntad unánime e indubitable de estas provincias romper los violentos vínculos que las ligaban con los reyes de España» (Acta de Independencia de las Provincias Unidas en Sud América, 9 de julio de 1816); «¿Juráis a Dios y prometéis a la Patria [...] sostener la presente declaración de independencia absoluta del Estado chileno de Fernando VII, sus sucesores y cualquiera otra dominación?» (Jura de la Independencia chilena, 12 de febrero de 1818), etcétera.

Quienes defendieron el dominio español sobre Cuba, Puerto Rico y Filipinas fueron, sin embargo, fundamentalmente soldados españoles trasladados desde la península. Entre 1868, año del inicio de la guerra de los Diez Años, y 1898, año en que finaliza la contienda con Estados Unidos, España desplazó a Cuba alrededor de cuatrocientos mil combatientes. Los españoles perdieron Cuba, Puerto Rico y Filipinas, entre otras cosas, porque, a diferencia de lo ocurrido menos de un siglo antes, muchos derramaron su sangre para defender la pertenencia de esos territorios a España.

El sentimiento de pérdida colectiva, también a diferencia de lo ocurrido tres cuartos de siglo antes, fue además claro y particularmente intenso, al menos en aquellos sectores en los que el proceso de nacionalización había sido más efectivo, lo que explicaría la intensidad del sentimiento de desastre entre las élites políticas e intelectuales frente a la apatía, cuando no alivio, de unas clases populares entre las que el proceso de nacionalización apenas estaba dando sus primeros pasos.

Las consecuencias de 1898 no fueron sólo españolas. Hubo un 98 español, pero también uno cubano, uno puertorriqueño y uno filipino, tan relevante para cada uno de ellos, incluso más, que el español para España. Las historias de los tres países convertirían en fundacional dicha fecha. A pesar de que ninguno alcanzaría la independencia con la derrota española, Cuba la proclamaría cuatro años más tarde, el 20 de mayo de 1902, si bien tutelada por la llamada Enmienda Platt, vigente hasta 1934; Filipinas seguiría bajo el dominio de Estados Unidos hasta la finalización de la Segunda Guerra Mundial, hasta el 4 de julio de 1946 —lo que no impide que conmemore como día de su independencia el 12 de junio de 1898—, y Puerto Rico sigue todavía hoy bajo la ambigua situación jurídica de Estado libre-asociado, aunque con el 98 como una fecha de fuerte carga simbólica.

La importancia de 1898 fue también internacional como consecuencia de que hubo un 98 norteamericano, que dado el papel desempeñado por este país en la política internacional del siglo xx, sin duda la centuria de Estados Unidos, obliga a analizarlo desde una perspectiva internacional más que nacional. La «espléndida pequeña guerra» marcó para el país su puesta de largo como uno de los grandes protagonistas de la geopolítica mundial. Por primera vez —no sería la última: pocos años después Rusia sufriría una debacle parecida en su guerra con Japón—, una potencia no europea desafiaba la hegemonía ejercida por el Viejo Continente desde los inicios del mundo moderno. Y no sólo eso, sino que, a partir de ese momento, se convertiría en un protagonista indiscutible de la geopolítica mundial. 1898 marcó el inicio de la política de intervención e influencia estadounidense en el resto del mundo, algo que, con variaciones, se mantendría hasta nuestros días.

La principal consecuencia de la batalla de Santiago de Cuba desde el punto de vista global no fue que España dejó de estar presente en el Caribe y el Pacífico, sino que Estados Unidos reafirmó su presencia en estos dos espacios geopolíticos, vitales para su posterior papel de gran potencia. En el Caribe las intervenciones políticas y militares norteamericanas se sucedieron en cascada a partir de 1898: en Nicaragua (1899), en Costa Rica (1900), en Panamá, con el resultado de su separación de Colombia (1903), etc., culminando con la apertura del Canal de Panamá (1914) y la conversión de este mar en una especie de «lago americano». Entretanto, en el Pacífico, en 1898 el presidente William McKinley consuma la anexión de Hawái, a 3.500 kilómetros de la costa continental estadounidense, y en virtud del Tratado de París se queda con la isla de Guam, a 2.200 kilómetros de Manila, configurando una especie de puente geoestratégico entre Estados Unidos y el Sudeste Asiático que aseguraba su presencia en Asia, uno de los ejes de toda la política exterior norteamericana durante el siguiente siglo.

Se trata de aspectos suficientemente relevantes como para merecer un detallado análisis de cada uno de ellos, pero cuya comprensión exige explicar, aunque sea de forma breve, los motivos que llevaron a que ese 3 de julio de 1898 barcos españoles y estadounidenses se enfrentaran a la salida de la bahía de Santiago de Cuba en la que sería la última guerra de España en América y la primera de Estados Unidos como potencia global.

2
LA GUERRA HISPANO-ESTADOUNIDENSE DEL 98: ORÍGENES Y CONTEXTO HISTÓRICO

El 19 de abril de 1898, el Congreso y el Senado de Estados Unidos aprobaron una resolución conjunta exigiendo la retirada española de Cuba y autorizando al presidente McKinley a utilizar la fuerza en el caso de que España no aceptase. Quedaba abierto el camino para la declaración de guerra, que tendría lugar menos de una semana después, el 25 de abril. El motivo: el estallido dos meses antes, el 15 de febrero, del acorazado estadounidense *Maine*, atracado en el puerto de La Habana, que con un saldo de 266 muertos había conmocionado a la sociedad norteamericana y que la prensa sensacionalista, en particular *The New York Journal*, de William Randolph Hearst, pero también el más moderado *The New York World*, de Joseph Pulitzer, atribuyó desde el primer momento a un atentado español.

El primero, dos días después del suceso, titulaba a toda página «Los oficiales de la marina piensan que la destrucción del *Maine* fue debida a una mina española»; el segundo, «Estalla el *Maine* a causa de una bomba o un torpedo», titular aparentemente más neutral pero que suponía descartar la posibilidad de que hubiese sido un accidente. Son opiniones parecidas a las de muchos personajes de la vida pública norteamericana: el cónsul de Estados Unidos en La Habana, William Fitzhugh Lee, supuso que oficiales españoles habían colocado «unos cien kilogramos de algodón pólvora en un barril y luego dejado que chocara contra el *Maine*»; el subsecretario de Marina y futuro presidente de Estados Unidos, Franklin Delano Roosevelt, afirmó que el *Maine* había sido «hundido por un sucio acto de traición española», y el por entonces reconocido poeta Richard Hovey comparó lo ocurrido en La Habana con lo acontecido poco más de medio siglo antes en Texas: «Los que recuerden El Álamo que se acuerden del *Maine*», de hondas resonancias en el discurso nacionalista norteamericano.

No muy diferentes fueron las conclusiones de la Comisión de Investigación del Gobierno estadounidense, aprobadas y avaladas por el comandante en jefe de la Escuadra del Atlántico Norte, el contralmirante Montgomery Sicard. El buque se había hundido a causa de dos explosiones distintas, una externa, la «detonación de una mina situada bajo el fondo del buque, cerca de la cuaderna 18 y un poco a babor», y otra interna, en el pañol de municiones, consecuencia de la primera. La causa última del hundimiento habría sido «un agente externo», que sólo podía ser español. Así lo entendió el Gobierno norteamericano, que casi de inmediato envió un ultimátum en el que, además de compensaciones por el atentado, exigía la retirada inmediata de la isla.

El Ejecutivo de Madrid, lo mismo que la prensa española, rechazó cualquier vínculo con la explosión, que atribuyó a causas internas, a algún problema en la sala de máquinas —comparó lo ocurrido con accidentes similares en otros destructores estadounidenses del mismo tipo que el *Maine*, como los recientes del *Iowa* y del *Indiana* en las islas Tortugas—, siempre con la duda, nunca expresada de manera oficial, de que pudiera haber sido un autoatentado. La respuesta que dio fue rechazar cualquier ultimátum y amenazar con declarar la guerra en caso de que soldados norteamericanos pisasen suelo cubano; una guerra que de hecho Estados Unidos ya había iniciado en la práctica con la movilización de voluntarios y el bloqueo marítimo de Cuba, como lo confirma el que la declaración oficial de guerra se hiciese con efectos retroactivos al momento del inicio del bloqueo tres meses antes.

Los motivos reales de la ruptura de las hostilidades, al margen de cuál fuera la causa del hundimiento del *Maine*, fueron obviamente más de fondo. En sus aspectos más inmediatos habría que remontarlos al estallido de la guerra entre los independentistas cubanos y España el 24 de febrero de 1895, consecuencia en gran parte de la incapacidad de los gobiernos de la península para enfrentarse a los intereses de la élite colonial española, no necesariamente los mismos que los de la población cubana pero ni siquiera que los de la española y los de la metrópoli. Formaban parte de dicha élite, enormemente rica, algunas de las mayores fortunas de la Restauración, que mantenían sólidas relaciones con las élites peninsulares, tanto económicas como políticas, por lo que ninguno de los gobiernos de la Restauración quiso o pudo llevar a cabo las reformas que la situación de la isla venía tiempo demandando. Sin embargo, ello no significa que durante los años posteriores a la Paz de Zanjón (1878), que puso fin a la guerra de los Diez Años (1868-1878), no hubiese reformas en Cuba; las hubo y de calado, como la concesión de representación parlamentaria a los cubanos en 1878 o la abolición de la esclavitud en 1888.

CUBA EN LAS RELACIONES HISPANO-NORTEAMERICANAS

El conflicto bélico volvió a poner sobre la mesa de las relaciones entre España y Estados Unidos el problema de Cuba, un asunto de una u otra manera siempre presente desde el momento de la disgregación imperial hispánica, cuando por primera vez el Gobierno norteamericano se planteó la posibilidad de comprarle la isla a España e integrarla como un estado más de la Unión Americana. A comienzos del siglo XIX el influyente John Quincy Adams, presidente de Estados Unidos entre 1825 y 1829 y anteriormente, entre 1817 y 1825, secretario de Estado, cargo desde el que promovió la que sería la primera oferta por la isla, consideraba dicha anexión parte de las leyes de la naturaleza:

> Al igual que de gravitación física también hay leyes de gravitación política; y si una manzana separada de su árbol nativo por la tempestad no puede más que caer al suelo, Cuba, separada forzosamente de su no natural conexión con España, e incapaz de autosostenerse, solamente puede gravitar hacia la Unión Norteamericana, la cual por la misma ley de la naturaleza no puede arrojarla de su seno.

Se trata de una posibilidad no demasiado descabellada, al margen de las leyes de gravitación universal, si consideramos que, una vez perdidos los territorios continentales, Cuba había dejado de tener el carácter estratégico que había revestido para la monarquía católica como eje de las comunicaciones entre sus territorios europeos y americanos, y que su importancia económica no era todavía para nada equiparable a la que posteriormente alcanzaría. Para la estructura imperial hispánica, Cuba había sido durante tres siglos un lugar de gastos, sufragados por el virreinato de Nueva España, más que de ingresos, justificados por la importancia geoestratégica de La Habana.

Las ofertas de compra —también las amenazas de conquista— se sucedieron durante toda la primera mitad del siglo XIX, la primera de ellas cuando el Gobierno español ni siquiera había reconocido todavía la independencia de los territorios continentales americanos. El 23 de mayo de 1823, una semana antes de la segunda restauración absolutista de Fernando VII, el embajador norteamericano en Madrid, siguiendo instrucciones de su secretario de Estado, el ya citado Adams, presentó al ministro de Asuntos Exteriores español una nota argumentando la inevitabilidad de la anexión de Cuba por parte de Estados Unidos. En 1845 se fundó en Nueva York la asociación Lone Star, cuyo objetivo era la anexión de Cuba utilizando cualquier medio a su alcance, desde el apoyo a movimientos anexionistas en la isla hasta la financiación de expediciones armadas, y en torno a esos mismos años se sucedieron varias ofertas de compra más: en 1848-1849, durante la presidencia de James Knox, el secretario de Estado, James Buchanan, ofreció cien millones de dólares por la isla, y el mismo Buchanan, pero ahora ya como presidente del país, repitió las ofertas de compra en 1857 y 1861; ofertas que fueron acompañadas de varios intentos de desembarco organizados por cubanos residentes en Estados Unidos, en estas primeras décadas del siglo XIX de carácter más anexionista que independentista, desde los tres organizados por Narciso López entre 1849 y 1851 hasta el de Ramón Pintó en 1855.

    La voluntad anexionista era clara, con dos estrategias —compra o conquista— que, más que diferentes, eran complementarias. Ambas fueron puestas sobre la mesa en la Conferencia de Embajadores de Estados Unidos celebrada en Ostende en 1854, en la que los representantes diplomáticos norteamericanos en Londres, París y Madrid se pronunciaron a favor de la anexión, aunque para ello sería necesario contar con la neutralidad de las demás potencias europeas y disponer de un poder naval del que en esos momentos el país carecía, por lo que se limitaron a exigir, no ya pedir, que España vendiera la isla:

> Tanto los intereses de España como los de Estados Unidos se cifran en la venta de la isla, y la transacción será igualmente honrosa para ambas naciones [...]. Pero si España [...] rehusase vender Cuba a Estados Unidos [...] entonces toda ley divina o humana justificará que liberemos ese territorio de España. [Manifiesto de Ostende, 15 de octubre de 1854.]

Las ofertas de compra y amenazas de conquista parecieron llegar a su término el 9 de abril de 1865 con la derrota de los confederados en la guerra de Secesión, al desaparecer el interés del Sur en añadir un estado esclavista para fortalecer su peso en el seno de la Unión. No de manera absoluta, en 1869 Daniel Sickles, ministro plenipotenciario norteamericano en Madrid, presentó al Gobierno español una propuesta de mediación para poner fin a la recién iniciada guerra de los Diez Años, cuyo punto central era la independencia de Cuba a cambio del pago de una indemnización garantizada por el Tesoro estadounidense, una especie de protectorado encubierto. Y entre los exiliados cubanos establecidos en Estados Unidos con posterioridad a la Paz de Zanjón no sólo hubo partidarios de la independencia —la mayoría—, sino también otros que militaron a favor de la anexión a Estados Unidos, como los que en 1894 apoyaron la elección como senador por el estado de Florida de Wilkinson Call, con el objetivo explícito de que propusiese la compra de la isla.

Hubo incluso una última oferta de compra justo antes de la guerra, la hecha por el embajador de Estados Unidos en Madrid, Stewart L. Woodford, por trescientos millones de dólares, en el momento de presentar el ultimátum por el que el presidente McKinley declaraba la guerra a España.

Estas ofertas de compra deben ser enmarcadas en el contexto de una política norteamericana que a lo largo del siglo XIX había utilizado varias veces esta forma de expansión territorial, como en los casos de Luisiana, comprada a Francia en 1803; Fort Ross (California) y Alaska, adquiridos a Rusia, el primero en 1839 y la segunda en 1867, y Florida, comprada a España en 1821, transacción que el ya citado Manifiesto de Ostende incluye como antecedente de lo beneficiosa que había resultado para ambos países. En el caso de Cuba se justificaba por su proximidad territorial y también por la integración de su economía con la estadounidense.

El rechazo español a la venta se justificará en los intereses, públicos y privados, que a lo largo del siglo XIX se fueron tejiendo en torno a una isla que, si durante tres siglos había sido irrelevante para la economía imperial —como ya se ha dicho, se mantenía básicamente gracias al dinero enviado por el virreinato de Nueva España—, para mediados de siglo se había convertido ya en una de las colonias más rentables de todas las europeas y, sin comparación posible, en la más lucrativa de todas las españolas. Si en el momento de la disolución imperial Cuba era sólo un irrelevante jirón de los restos de un imperio planetario, para mediados del siglo XIX se había convertido en la joya de las posesiones coloniales españolas. Según el *Cuadro general del comercio general de España* de 1860, las compraventas a Cuba y Estados Unidos, directamente interrelacionadas y dependientes una de otra, representaban ya el 16 por ciento del comercio exterior español. Esto sin contar las rentas públicas directas obtenidas por el Estado y los numerosos intereses privados de los españoles afincados en la isla.

Las ofertas de compra estadounidenses tuvieron siempre como telón de fondo un claro posicionamiento, dentro de los postulados de la Doctrina Monroe, a favor del fin de la presencia española en el Caribe. No se debe olvidar que en el relato de nación norteamericano, sustento de dicha doctrina, hay un fuerte componente moral de convencimiento de la superioridad de su sistema político, la democracia republicana, frente a los corruptos sistemas monárquicos europeos. La Doctrina Monroe tuvo siempre como consecuencia un claro sentido democrático, de liberación de los pueblos americanos de la opresión absolutista. Liberar a América de la presencia de las monarquías europeas era en gran parte un acto moral al que Estados Unidos tenía la obligación de contribuir por su condición de nación civilizada. Según el preciso resumen hecho por el presidente Theodore Roosevelt en su mensaje anual del 3 de diciembre de 1901:

> La mala conducta crónica, o una impotencia que dé lugar a la relajación general de los lazos de la sociedad civilizada, puede en América, como en cualquier otro lugar, finalmente requerir la intervención de alguna nación civilizada, y, en el hemisferio occidental, la adhesión de Estados Unidos a la Doctrina Monroe podría forzar al país, aunque con repugnancia, en casos flagrantes de semejante conducta o impotencia, a ejercer una autoridad policial internacional.

Se trata de unas palabras pronunciadas cuando todavía había tropas norteamericanas en Cuba, Puerto Rico y Filipinas, resultado de la intervención estadounidense para poner fin a la «impotencia» española cuyo resultado había sido «la relajación general de los lazos de la sociedad civilizada». Tanto una proyección de futuro como una justificación del pasado.

No debe extrañar que, como consecuencia de lo anterior, buena parte de la política exterior española decimonónica acabase girando en torno a cómo contrarrestar la voluntad expansionista norteamericana en el Caribe, incluyendo desde intervenciones en los países ribereños del Caribe, con el objetivo de propiciar la llegada al poder de gobiernos más favorables a los intereses españoles, hasta los diferentes proyectos de alianza con Inglaterra y Francia, las otras dos potencias europeas con intereses en la región.

La política de intervención tuvo como objetivo prioritario México, el mayor Estado de la región, fronterizo con Estados Unidos y casi también con Cuba. Ya el Tratado de Paz y Amistad de 1836, el primero firmado por España con una de las nuevas repúblicas hispanoamericanas, y en cuya negociación el problema de Cuba estuvo presente desde el inicio, incluía un artículo secreto adicional por el que el Gobierno mexicano se comprometía a impedir en su suelo cualquier actividad contra alguno de los dominios españoles cercanos a México, una forma bastante explícita de referirse a Cuba.

Las intromisiones españolas fueron constantes en los años siguientes, siempre a favor de los sectores conservadores, los más proclives a los intereses españoles y opuestos a los norteamericanos, a diferencia de los liberales, cuyos posicionamientos eran, de manera general, los contrarios. Ello tendría su culminación con la expedición de Juan Prim, de resultados ambiguos, dado su acuerdo con Benito Juárez, el presidente liberal mexicano, y su rechazo a secundar los planes de restauración monárquica en la figura de Maximiliano de Habsburgo, promovidos por Napoleón III. En el mismo sentido, y con el mismo resultado ambiguo, habría que interpretar la ocupación de Santo Domingo en respuesta a la solicitud de su Gobierno de acogerse de nuevo al dominio de la

Corona, también casi fronteriza con Cuba, y con un claro objetivo de fortalecer la presencia española en la región.

Estas políticas intervencionistas comenzaron a perder importancia en los últimos años de la época isabelina, con el fin de la guerra de Secesión y la vuelta de Estados Unidos al escenario internacional, para desaparecer definitivamente con la revolución de 1868 y el comienzo del proceso de *descalificación* internacional de España durante el Sexenio Democrático. A partir de ese momento, y hasta la declaración de guerra de 1898, la política española fue de apaciguamiento, tanto por lo que se refiere al bajo perfil con el que se intentaron resolver los frecuentes conflictos a raíz del apoyo de filibusteros estadounidenses a los rebeldes cubanos como a la mucho menos evidente, pero no por ello menos real, política de facilitar la presencia de intereses económicos norteamericanos en la isla convirtiéndolos así en parte interesada en el mantenimiento del dominio español sobre ella.

Estados Unidos nunca iba a garantizar el dominio español sobre Cuba, Puerto Rico y Filipinas, pero la firma de tratados comerciales que privilegiasen los intereses norteamericanos podía crear una comunidad de intereses que favoreciesen el apoyo estadounidense a la permanencia de la presencia española. Al menos eso parecían pensar algunos de los líderes políticos tanto del Sexenio como de la Restauración. Pi y Margall llegó a sopesar la idea, en los inicios de la guerra de los Diez Años, de pedir un empréstito a Estados Unidos, con el aval de las rentas cubanas, con el objetivo de comprometerlo con la defensa de la soberanía española de la isla; nada muy distinto de lo que pensaba el diplomático Juan Valera, ya en plena Restauración: «Cuando vean que la grande Antilla se abre a los productos de su industria y agricultura, sin trabas ni gravamen, se enfriará mucho el ardiente deseo que sienten no pocos yankees de anexionarse dicha isla» (carta de Juan Valera a José Elduayen, 11 de junio de 1884). Se trataba de una idea bastante delirante: no se entiende bien por qué Estados Unidos no iba a preferir la anexión como garantía de sus intereses; el resultado, posiblemente, de no entender que Cuba era para el vecino del norte un asunto geoestratégico y no económico, o no sólo económico. Visto desde el lado de la política exterior norteamericana, en todo caso, la perspectiva era justo la contraria: cuanto más dependiente fuese la economía cubana de la estadounidense, más inevitable se volvería su anexión. Es lo que afirmó de manera explícita el presidente Benjamin Harrison en su mensaje al Congreso del 3 de diciembre de 1889.

La voluntad española de fortalecer los intereses económicos de Estados Unidos en Cuba quedó reflejada en el tratado comercial suscrito el 18 de noviembre de 1884, que al facilitar los intercambios comerciales de Estados Unidos con Cuba, buscando la «americanización» de la economía de la isla, supeditaba claramente los intereses económicos a los geopolíticos. Constituyó un giro radical en lo que había sido la política española hasta ese momento, interesada, como todas las metrópolis coloniales de la época, en fortalecer los intercambios económicos de los territorios ultramarinos con la metrópoli, que pasaba por preservar el mercado cubano para los productos españoles. Fue el resultado, sin duda, de las presiones norteamericanas, que buscaban compensar su deficitaria balanza comercial con Cuba, pero también de la estrategia española de involucrar a Estados Unidos en el mantenimiento del *statu quo* colonial. De nuevo en palabras de Juan Valera, embajador español en Washington en el momento de la firma del tratado: «Hasta estas veleidades benevolentes de poseer a Cuba se disiparán, cuando se vea que son irrealizables, y sobre todo cuando el comercio entre Cuba y estos estados aumente, en pro de ambos países, como aumentará sin duda después del tratado» (carta de Juan Valera a José Elduayen, 19 de noviembre de 1884).

Aunque el tratado nunca fue ratificado por el Senado estadounidense, por lo que no llegó a entrar en vigor, la lógica económica de la cercanía de Cuba al pujante capitalismo norteamericano, necesitado de mercados y oportunidades de inversión, acabó por imponerse, y a partir de la década de los ochenta los intereses norteamericanos en la isla crecieron de manera espectacular (no sólo vinculados a las actividades comerciales, como había sido tradicional, sino también a inversiones en la industria azucarera, con la compra y modernización de numerosos ingenios afectados por las destrucciones de la guerra, ferrocarriles, compañías de seguros, líneas telegráficas y telefónicas, etc.). A los propietarios cubanos que se habían nacionalizado estadounidenses durante la guerra se añadían ahora nuevos capitalistas, éstos sí de origen norteamericano, presentes en los más diversos campos de la vida económica.

Esta americanización de la economía cubana, y en menor medida también de la puertorriqueña, se consolidó con la firma del acuerdo comercial de 1891, extendido un año después a Filipinas. Las exportaciones norteamericanas se duplicaron entre 1891 y 1894, incluso superando este último año, ya a las puertas del estallido de la guerra, a las exportaciones de la península a sus dos colonias caribeñas. La política de creación de una comunidad de intereses norteamericano-cubana estaba sin duda teniendo éxito, aunque siempre con el riesgo, que es lo que finalmente ocurrió, de que acabasen considerando que sus intereses estarían mucho mejor defendidos si fuese Estados Unidos el que la gobernase.

La búsqueda de alianzas con otras potencias para que ejerciesen de contrapeso a las ambiciones norteamericanas fue otra de las constantes de la política exterior española, sobre todo a partir de 1868. El problema fue que el sistema de equilibrios internacionales de la Europa bismarckiana, en el que España, como todas las potencias de segundo rango, se movió siempre con gran cautela, no resultaba operativo en su periferia, donde nuevos actores, Japón y Estados Unidos, ponían en cuestión el sistema de equilibrios europeo. Resultaba relativamente fácil para España conseguir el apoyo de Alemania para defender sus intereses en Marruecos frente a Francia —el aislamiento de este último país era uno de los ejes de la política exterior alemana—, pero no para la defensa de sus posesiones coloniales en el Caribe y el Pacífico, que era lo que realmente interesaba a los gobiernos españoles, y acerca de las que, como ocurría en el caso concreto de las segundas, Alemania tenía su propia agenda. Algo parecido se podría decir respecto a cualquiera de las otras potencias europeas, todas bastante remisas a involucrarse en un conflicto con Estados Unidos, para finales de siglo ya suficientemente poderoso como para evitar un enfrentamiento con él y cuyas áreas de interés no entraban en general en conflicto con las de las potencias europeas.

El estallido de la guerra de los Diez Años (1868-1878) volvió a reactivar la Doctrina Monroe, hasta ese momento supeditada al mantenimiento del *statu quo*, mientras los habitantes de las provincias de ultramar españolas no reclamasen la independencia. La falta de voluntad independentista, clara durante toda la primera mitad del siglo XIX, fue cuestionada por el Grito de Yara, con una explícita llamada a la lucha por la independencia de Cuba y un apoyo, si no mayoritario, sí relevante. La intervención norteamericana no se planteó ya como la búsqueda de la anexión de la isla, sino de su independencia, y Estados Unidos ofreció al Gobierno de

Prim garantizar la indemnización que los rebeldes cubanos se comprometían a pagar al español a cambio de que Madrid reconociera la independencia de Cuba, oferta a la que Prim se mostró al parecer receptivo. Es lo que cabe deducir de una carta, dirigida al recién nombrado capitán general de Cuba, Antonio Caballero de Rodas, en la que, además de informarle de que el objetivo del nuevo embajador de Estados Unidos en Madrid era «obtener una declaración de independencia de la isla», argumenta las razones («el tesoro exhausto [...] la falta de hombres y armamento [...] evitar un choque con Estados Unidos») por las que se inclinaba por firmar «un tratado que asegurando las vidas y propiedades de los españoles, procurando ventajas comerciales y una indemnización considerable por las propiedades del Estado, permitiese concluir el predominio colonial de España de una manera tranquila y provechosa en vez de terminar con un desastre» (carta de Juan Prim a Antonio Caballero de Rodas, 10 de septiembre de 1869).

Las negociaciones continuaron después del asesinato del político español, pero centradas en los intereses de la cada vez más numerosa colonia norteamericana en la isla, en muchos casos cubanos que, a través de mecanismos no demasiado claros, habían obtenido la ciudadanía estadounidense, y en la abolición de la esclavitud, que con el fin de la guerra de Secesión y la derrota de los confederados, esclavistas, pasó a ocupar un lugar central en la agenda política y la opinión pública norteamericanas. El triunfo abolicionista convertía al Gobierno de Washington en un líder de la lucha contra la esclavitud, con el componente de superioridad moral que había formado parte del relato de nación norteamericano desde sus orígenes. Continuaron, sin embargo, las presiones a favor de la independencia de la isla, con constantes incidentes con barcos estadounidenses, los denominados «filibusteros», principal vía de abastecimiento de armas, hombres y pertrechos a los independentistas cubanos, que se multiplicaron durante la guerra de los Diez Años y que siguieron produciéndose, aunque de manera más aislada, una vez concluida ésta.

EL NUEVO CONTEXTO DE LA GUERRA HISPANO-CUBANA (1895-1898)

El estallido de una nueva guerra en 1895 —había habido un episodio bélico intermedio, la conocida como guerra Chiquita (agosto de 1879-septiembre de 1880), cuya corta duración hizo que su incidencia fuese bastante menor— volvió a plantear el problema del apoyo norteamericano a los rebeldes, pero en un contexto muy diferente al de la Guerra Grande de 1868-1878.

El crecimiento de Estados Unidos había sido en esos años espectacular y su poder económico y militar nada tenía que ver con el de dos décadas atrás, recién salido el país de la sangrienta guerra civil entre unionistas y confederados. No menor, aunque más difícil de cuantificar, había sido el desarrollo de un nuevo tipo de nacionalismo, basado en la idea de la superioridad moral de las razas anglosajonas, predestinadas a convertirse en maestras de la humanidad. Algunas de las obras más significativas de este nuevo nacionalismo, todas ellas con una clara voluntad expansionista, habían sido publicadas en los años inmediatamente anteriores, como *Our Country* (1885), de Josiah Strong, *Manifest Destiny* (1885), de John Fiske, y *The Influence of Sea Power upon History, 1660–1783* (1890), de Alfred Mahan.

Todo ello en la coyuntura de un acelerado proceso de crecimiento económico que había llevado a una crisis de sobreproducción, la primera gran depresión de la historia norteamericana (1893-1897), y, como consecuencia de ello, al aumento de la presión para la búsqueda de nuevos mercados, objetivo común de todas las grandes economías de la época y una de las causas de la reactivación del colonialismo en torno a las décadas finales del siglo XIX. En el caso de Estados Unidos, esos nuevos mercados eran básicamente el Pacífico y el Caribe, sobre todo Cuba, en gran parte incorporada ya de hecho a la economía norteamericana, de modo que el conflicto hispano-cubano era en buena medida un asunto interno de Estados Unidos. Las simpatías proinsurrectas de la Administración estadounidense eran claras, con el apoyo de una prensa que desde el primer momento se embarcó en una auténtica campaña propagandística a favor de una intervención militar que pusiese fin a la sangrienta presencia española; un objetivo que, tal como fue presentado, más parecía un acto de justicia al servicio de la humanidad que de expansión imperialista.

El inicio de las hostilidades sorprendió a las autoridades españolas, ya que se acababan de aprobar en las Cortes una serie de reformas económicas y administrativas que se pensaba que podrían reducir la tensión en la isla, y también a muchos cubanos, como el líder rebelde Enrique José Varona, quien en «Mis recuerdos de Martí» dice que viajó en 1894 a Nueva York para informar a los líderes independentistas de que en ese momento no contaban con apoyos suficientes entre la población para el inicio de una nueva guerra. Sin embargo, y a pesar de estos pronósticos, los generales insurrectos, Máximo Gómez y Antonio Maceo, no sólo consiguieron levantar un ejército en el oriente de Cuba, sino también frustrar los intentos de Arsenio Martínez Campos, el gobernador general de la isla, de impedir la extensión de la guerra a la parte occidental. El fracaso de la estrategia del general español, consistente en limitar la guerra y buscar acuerdos con los rebeldes con el objetivo de renegociar algo parecido a lo que había sido la Paz de Zanjón de 1878, la que había puesto fin a la guerra de los Diez Años, tuvo como consecuencia, a partir de 1896, que el conflicto se deslizara hacia una cruel guerra colonial, cuyo objetivo dejó de ser la pacificación de la isla para centrarse de manera casi exclusiva en la derrota militar de los rebeldes.

El nombramiento, el 20 de enero de 1896, de Valeriano Weyler como gobernador general y capitán general de Cuba marca el inicio de la nueva estrategia, definida por el propio Weyler, en el epílogo de su libro *Mi mando en Cuba* (1910), como que lo primero era la derrota de los rebeldes y después la negociación política, un claro rechazo de la tolerancia y la búsqueda de acuerdos políticos que, según él, habrían guiado a un Martínez Campos más interesado en hacer la paz que en ganar la guerra. Fue también a partir de ese año, como respuesta a la política de Weyler pero no sólo en razón de ello, cuando la voluntad intervencionista del Gobierno norteamericano, justificada en la crueldad de la guerra y en el derecho de los cubanos a la independencia, se volvió más evidente, aumentando la presión sobre el Gobierno de Madrid para que llevase a cabo reformas que facilitasen la pacificación y para que aceptase su presencia como interlocutor en los procesos de negociación.

Dicha voluntad intervencionista contó con el apoyo de una opinión pública con claras simpatías proinsurrectas, alimentadas por una prensa que hizo de la guerra de Cuba un tema cotidiano de sus páginas y fomentó una imagen extremadamente negativa de los españoles, un pueblo cruel y sanguinario al que era necesario expulsar de sus últimas posesiones americanas, acabando con cuatro siglos de despotismo y oscurantismo inquisitorial del que los cubanos eran sus últimas víctimas.

La campaña se basó, por regla general, no en análisis políticos sino en historias humanas convertidas en folletines por entregas, caso de la historia de Evangelina Betancourt Cosío y Cisneros, una joven cubana condenada a prisión por las autoridades españolas por su apoyo a los insurgentes, en la que *The New York Journal*, de Hearst, ejemplificaría todos los atropellos de un imperio reaccionario y decadente, incluidos el intento de abuso sexual por parte de un militar español y las condiciones infrahumanas de su prisión en la Casa de las Recogidas de La Habana. Crueldad, espíritu inquisitorial, abusos económicos y sexuales…; todos los tópicos de la leyenda negra, de amplio eco en el mundo anglosajón, con los que lograría una importante movilización internacional, que el periódico culminaría organizando su huida y traslado, disfrazada de marinero, a Estados Unidos. Fue una novela por entregas, narrada día a día, concluida con su liberación y multitudinario recibimiento en Nueva York, organizados y protagonizados ambos por el periódico del magnate norteamericano. Algo así como la verdadera y heroica historia de cómo Hearst venció a la Inquisición salvando de sus garras a una virginal e inocente cubana.

No parece necesario precisar que lo que a Hearst de verdad le interesaba no era tanto la intervención de Estados Unidos como el aumento de ventas de sus periódicos. Su gran descubrimiento —también el de su rival Joseph Pulitzer— fue que las simpatías de la opinión pública norteamericana se decantaban claramente por los insurrectos y que la guerra podía ser un magnífico negocio periodístico; en 1897 la tirada conjunta de ambos periódicos superaba el millón y medio de ejemplares, triplicando la de los contrarios a la intervención, el *Tribune*, el *Post* y el *Times*. Un éxito para el que, es la impresión que da, se limitaron a alimentar una hispanofobia ampliamente extendida en la cultura norteamericana, que es posible que hundiese sus raíces en la leyenda negra antiespañola alentada por la monarquía inglesa en los tiempos en que la hispánica había sido su gran rival en el Atlántico, y que volvió a renacer con gran fuerza en torno a esos años, como demuestra la reedición en Nueva York, en 1898, de la *Brevísima relación de la destrucción de las Indias* del padre Las Casas, ilustrada con los conocidos y sangrientos dibujos de Theodore de Bry; un título, por cierto, que desde los días de las independencias hispanoamericanas de principios del siglo XIX, cuando también conoció varias ediciones en Estados Unidos, a nadie parecía haber interesado en el mundo anglosajón.

El verdadero calado de este discurso hay que situarlo en el contexto global de una campaña ideológica en la que el nuevo imperialismo norteamericano aparecía como expresión del progreso, la civilización y la lucha por la libertad, frente al retrógrado y arcaico de los españoles, un pueblo congénitamente cruel y sanguinario, imagen reflejada de manera particularmente clara en las crónicas del corresponsal de *The New York World*, Sylvester Scovel, en las que se detallaba cómo los soldados españoles cortaban las orejas de los cubanos caídos en combate para lucirlas como trofeos y en que el jefe del ejército español raramente era «el general Weyler», sino «la hiena mallorquina», «el tigre de la manigua» o «el carnicero» (al margen, por descontado, de los horrores de una guerra particularmente cruel por parte de los dos bandos y de que la política llevada a cabo por Weyler, con miles de muertos entre la población civil, difícilmente se libraría hoy en día de ser condenada por una comisión internacional de derechos humanos).

Aunque en un primer momento el Gobierno norteamericano se mostró reacio a una intervención militar directa, pues prefería la posibilidad de mediar en el conflicto, de manera progresiva se fue decantando por participar en una guerra a la que se veía empujado no sólo por la presión de la opinión pública, sino también —quizá sobre todo— por consideraciones geopolíticas en gran parte interrelacionadas: la Doctrina Monroe, guía de su política exterior prácticamente desde la independencia, y la exclusión de Estados Unidos del reparto colonial llevado a cabo por las potencias europeas en los años finales del siglo XIX.

La primera había sido uno de los ejes de la política exterior norteamericana a lo largo de toda la centuria. Aunque atribuida al presidente James Monroe, quien en su mensaje a la nación del 2 de enero de 1823 habría utilizado por primera vez la conocida frase «América para los americanos», se remontaba en realidad a los padres de la independencia y a su interés por impedir la intervención europea en América, en particular la de Reino Unido, la antigua metrópoli, que, a pesar de la pérdida de las Trece Colonias, desde comienzos del siglo XIX, a consecuencia y también a causa de la disgregación imperial hispánica, había incrementado su presencia y sus intereses en la región.

Casi por completo inoperante en el momento de su enunciación —Estados Unidos estaba todavía muy lejos de ser la potencia que posteriormente sería, y los autores de las independencias hispanoamericanas no tenían ningún interés en oponerse a una Reino Unido que había sido uno de sus principales apoyos en las guerras de independencia—, la doctrina dejó de ser sólo retórica cuando Estados Unidos afianzó su papel de potencia regional una vez finalizada la guerra de Secesión, momento a partir del cual la presencia española en el Caribe empezó a resultar más molesta para los intereses norteamericanos. Por motivos geoestratégicos —Cuba era en muchos aspectos la llave de las Antillas— y económicos —la economía de la isla, vinculada a la estadounidense en mucha mayor medida que la de cualquier otra isla del Caribe desde que a comienzos de la década de 1820 Cuba se hubiera convertido en el mayor productor de azúcar del mundo, hacia 1870 producía ya casi el 40 por ciento del total de azúcar de caña del mercado mundial, con Estados Unidos convertido en su principal socio comercial—, pero también político-ideológicos —éstos más difíciles de visualizar aunque no por ello menos reales—, la Doctrina Monroe había desembocado de manera casi natural en un proyecto político basado en la idea de la comunidad de intereses de los países americanos, el panamericanismo, uno de cuyos primeros éxitos había sido la celebración de la I Conferencia Panamericana de Washington (1889-1890), promovida por Estados Unidos, y la creación, como resultado de ella, de la Unión Panamericana. Aunque posiblemente de manera más retórica que real, el panhispanismo, la unión de los países de habla española, impulsado por España, aparecía como la única alternativa al panamericanismo promovido por Estados Unidos.

La exclusión de este último del reparto colonial exige una explicación un poco más detenida. Los conflictos entre potencias por los territorios coloniales, en diferentes partes del mundo —Asia y África principalmente—, fueron continuos en la segunda mitad del siglo XIX (incidente de Fachoda entre Inglaterra y Francia, ultimátum inglés a Portugal por su expansión en Zambia, etc.), incluyendo entre los territorios disputados no sólo los que todavía no habían conocido el dominio occidental (China, Marruecos, Persia, etc.), sino también aquellos propiedad de antiguas potencias imperiales pero sin capacidad para defenderlos, casos de Turquía o, para lo que aquí nos interesa, España.

Estados Unidos, a pesar de su ininterrumpida política de expansión colonial hacia el oeste y de haber conocido un espectacular crecimiento económico a lo largo de todo el siglo XIX, llegó tarde a este reparto del mundo. Una vez culminada su expansión continental hacia la costa occidental, sólo le quedaban dos fronteras abiertas, el Pacífico y el Caribe, y en ambas las posesiones coloniales españolas eran casi objetivos naturales (la segunda frontera de su expansión colonial después de la que había representado la conquista, a costa de los indios y los mexicanos, de los territorios al oeste de los Apalaches). Es lo que posteriormente los estrategas norteamericanos denominarían la Gran Área, concepto muy semejante a los de «espacio vital» (*Lebensraum*) o «esfera mayor de coprosperidad del Asia Oriental» manejados por los alemanes y los japoneses en las primeras décadas del siglo XX.

Cuba, Puerto Rico y Filipinas desempeñaban un papel central en esta nueva geopolítica. Las dos primeras porque, situadas en la frontera sur de Estados Unidos, al margen de la importancia económica de Cuba, permitían el control de un Caribe cada vez más vital para los intereses norteamericanos, por su papel de avanzada hacia Sudamérica pero también de defensa del istmo de Panamá y las comunicaciones entre sus costas atlántica y pacífica. Y Filipinas y el rosario de islas que desde la época de la monarquía católica la habían mantenido unida a América —antes de la disolución del imperio, Filipinas había estado vinculada con el virreinato de Nueva España, no con Madrid—, porque eran casi la cabeza de puente natural al otro lado del Pacífico. En este sentido, no se debe subestimar el papel de Filipinas en el conflicto hispano-norteamericano. Aunque ensombrecida por el peso económico y geoestratégico de Cuba, la posesión del archipiélago asiático permitía a Estados Unidos afirmar su presencia en el área geográfica del Pacífico, donde se estaba librando una de las grandes batallas del nuevo colonialismo, la que en la historiografía inglesa se conoce como *The Scramble for China* («la pelea por China», en realidad por la costa oriental de Asia). Una disputa con todas las grandes potencias implicadas, tanto viejas (Francia y Reino Unido) como nuevas (Alemania y Japón), además de por supuesto Estados Unidos, con una amplia fachada pacífica y que ya unos años antes, en 1874, había iniciado su penetración en Hawái. La afirmación, lanzada el 14 de octubre de 1900 por el periódico norteamericano *Daily People*, de que «Cuba fue simplemente el soporte de la palanca usada por los capitalistas para forzar "la puerta abierta" de China» resulta sin duda exagerada, pero es posible que se aproxime más a la realidad que la de que Filipinas fue una especie de regalo inesperado.

El centro de las ambiciones norteamericanas seguía siendo, sin embargo, las dos islas caribeñas, que al margen de su importancia económica y geoestratégica representaban el ejemplo por excelencia de la permanencia de las potencias europeas en América, de la negación explícita de una Doctrina Monroe que ahora Estados Unidos sí estaba en condiciones de imponer como principio de su política exterior. Era justo lo que acababa de hacer en el conflicto entre Reino Unido y Venezuela sobre los límites fronterizos entre este último país y la Guyana británica, y en el que tras un agrio intercambio de notas diplomáticas el Gobierno inglés acabó admitiendo la mediación estadounidense. Fue la confirmación de una Doctrina Monroe que nadie parecía ya en condiciones de discutir —ni siquiera Reino Unido, y mucho menos una potencia de segundo orden como España—, doctrina que sería reconfirmada por el Gobierno de Grover Cleveland con varias ruidosas intervenciones internacionales más —como en la revolución brasileña de 1894-1895 y el conflicto con Nicaragua en la costa de Mosquitos—, no demasiado relevantes pero sí reveladoras de hasta qué punto Estados Unidos estaba dispuesto a reclamar su condición de potencia hegemónica hemisférica.

Sorprendentemente, sin embargo, durante la crisis que llevaría a la guerra con España los principios de la Doctrina Monroe nunca fueron invocados de manera directa por el presidente McKinley, es posible que para no generar tensiones con las otras potencias, opuestas a considerarla un principio de derecho internacional, en particular con Reino Unido, cuya «amistosa neutralidad» hacia Estados Unidos, en el contexto de un claro auge del anglosajonismo en las relaciones entre ambos países, es una de las claves del desarrollo del conflicto hispano-norteamericano.

Con todo, esto no significa que no estuviese presente y que no desempeñara un papel clave en la intervención norteamericana en Cuba, como muestra la instrucción dada por McKinley a la comisión estadounidense en las negociaciones de paz de París de que «el abandono por parte de España del hemisferio occidental era una necesidad imperativa»; una voluntad de expulsión de España de dicha zona que iba, obviamente, más allá del conflicto de Cuba y que explicaría la anexión norteamericana de Puerto Rico, donde, a diferencia de la otra posesión antillana, no había ningún motivo para la intervención. Un episodio más del proceso de liberación de América de la presencia europea.

El Grito de Baire, con el que el 24 de febrero de 1895 se dio inicio al último levantamiento independentista cubano, ofreció a Estados Unidos la posibilidad de una intervención. Es posible que no fuera exactamente deseada, algo en todo caso discutible, pero se fue volviendo inevitable a medida que el desarrollo de las operaciones bélicas alejó la posibilidad de una victoria insurrecta. La presión de la opinión pública a favor de los rebeldes se hizo más intensa, y el Gobierno estadounidense empezó a verla como «a splendid little war» («una magnífica guerrita»).

Las simpatías proinsurrectas eran claras, por parte tanto de la sociedad como del Gobierno norteamericanos, y, por si había alguna duda, la despejó la plataforma electoral republicana para la presidencia de Estados Unidos, la ganadora de las elecciones de 1896, con su reivindicación explícita de la Doctrina Monroe y su no menos explícito apoyo moral a los rebeldes cubanos:

> Ratificamos la Doctrina Monroe en toda su extensión y reafirmamos el derecho de Estados Unidos a darle efectividad respondiendo a la petición de cualquier Estado americano de una intervención amistosa en caso de intrusismo europeo [...]. Observamos con profundo y constante interés las batallas heroicas de los patriotas cubanos contra la crueldad y la opresión [...]. Con esperanza anticipamos la futura retirada de las potencias europeas de este hemisferio.

Era una guerra en ningún caso querida por el Gobierno español, que, consciente de su debilidad militar, había intentado evitarla durante todo el siglo y que buscó impedirla, sin ningún éxito, involucrando en el conflicto a unas potencias europeas que, aunque recelosas del expansionismo norteamericano en el Caribe, mucho más peligroso que la tradicional presencia española, poco tenían que ganar en un enfrentamiento con Estados Unidos. Ello explica el fracaso de los sucesivos intentos españoles de conseguir en primer lugar, a principios de 1896, una garantía internacional para la continuidad de la soberanía española sobre Cuba, ofreciendo a cambio facilidades a las potencias de la Triple Alianza (Italia, Austria-Hungría y Alemania) para el uso de los puertos españoles del Mediterráneo; después, a mediados de 1896, de movilizar a las potencias europeas a favor de España, con el argumento de que en el conflicto cubano estaban también en juego los intereses coloniales europeos, que la agresiva aplicación de la Doctrina Monroe ponía, según la interpretación del Gobierno español, claramente en peligro; y por último, ya a las puertas de la declaración de guerra, en los primeros meses de 1898, una intervención de las potencias europeas para impedir la norteamericana en lo que era un conflicto interno español. Las principales potencias (Reino Unido, Francia, Alemania y Austria-Hungría) a las que recurrió el Gobierno español, de manera formal o informal, se limitaron a intentos de mediación pero sin comprometerse a ofrecer un apoyo real.

Hubiese habido otra posibilidad, la de aceptar las ofertas de mediación de los presidentes norteamericanos, de Cleveland primero y McKinley después, pero el Gobierno español las consideró demasiado interesadas y parciales como para tomarlas en consideración. También la de haber llegado a algún tipo de acuerdo con Estados Unidos, incluidos la venta de la isla o el reconocimiento de la independencia. Eran opciones todas ellas inviables porque, equivocados o no, los dirigentes de los dos grandes partidos políticos estaban convencidos de que la opinión pública no consentiría la entrega de la isla sin lucha y de que, caso de hacerlo, lo más probable era que un golpe militar o una revolución pusiera fin al régimen de la Restauración.

DE LA PRESIÓN A LA INTERVENCIÓN MILITAR

La guerra tuvo una primera parte, entre 1895 y 1898, de conflicto exclusivamente hispano-cubano pero en el que la intervención estadounidense, como había ocurrido en las guerras anteriores, estuvo siempre presente, a través de su apoyo a los insurrectos —mediante el respaldo continuo de filibusteros norteamericanos— y sobre todo de una intensa campaña de propaganda en la que los rebeldes cubanos eran siempre los buenos y los oficiales españoles, monstruos degenerados, el último estertor de un pueblo retrógrado y sanguinario.

La campaña de propaganda se vio facilitada por el hecho de que la guerra se fue volviendo cada vez más sangrienta. Los insurrectos cubanos, conscientes de su inferioridad numérica y militar, recurrieron a una guerra de guerrillas, con ataques relámpago a civiles, centros de producción y medios de transporte, lo que, como en toda guerra de este tipo, acabó convirtiendo a la sociedad civil en la principal víctima. No hubo de hecho grandes batallas, sino pequeños enfrentamientos y escaramuzas, con un número de muertos en combate muy reducido por ambos bandos (no más de cuatro mil soldados del lado español), lo que contrasta con el altísimo número de combatientes muertos por enfermedades y de civiles que fueron víctima de la guerra.

La estrategia utilizada por Valeriano Weyler entre febrero de 1896 y octubre de 1897 consistió en la concentración de la población civil en los pueblos y ciudades controlados por el ejército, con el objetivo de impedir el apoyo, voluntario o forzoso, a los rebeldes con armas, alimentos, medicinas, ropa e información. Fue un método de lucha en el que algunos han querido ver una especie de antecedente de los campos de concentración nazis y otros, el primer ejemplo de la estrategia de lucha antiguerrillera utilizado con posterioridad por todas las potencias en las guerras coloniales, desde Reino Unido en las guerras de los bóeres hasta Estados Unidos en Vietnam.

El resultado, al margen de consideraciones sobre su conceptualización, fue la reubicación y deportación de miles de personas, en la mayoría de los casos en pésimas condiciones higiénicas y alimentarias. La población total desplazada se acercó a las cuatrocientas mil personas y el coste en vidas de civiles fue altísimo (los cálculos lo cifran en alrededor de ciento setenta mil personas, aproximadamente el 10 por ciento de la población cubana del momento). Aunque el objetivo no fue nunca exterminar a la población cubana sino ganar la guerra, por lo que el calificativo de «genocidio» resulta claramente excesivo, tampoco se puede minusvalorar la catástrofe humanitaria que supuso.

Los liberales españoles consideraron desde el primer momento errónea la política de Weyler, ya que cerraba el camino a la negociación con los rebeldes y la consecución de la paz a partir de una ley de autonomía para la isla. La prensa liberal (*El Imparcial*, *El Heraldo*...) desató una dura campaña de desprestigio contra el general mallorquín, al que acusó de crueldad pero también de corrupción («Los terribles abusos que matan de hambre al soldado que olvidó la fiebre amarilla y que perdonaron las balas explosivas»; *El Imparcial*, 31 de diciembre de 1896), contrarrestada por una prensa conservadora (*El Nacional*, *La Época*...) para la que Weyler era la única garantía de la conservación de Cuba.

> Este insigne caudillo que ha conseguido este año y medio de tenaz trabajo dominar la rebeldía cubana, reorganizar el ejército, pacificar cuatro provincias, restablecer el espíritu público, afirmar la soberanía española, normalizar la vida en toda la re-

gión occidental y disponer las cosas para un rápido y definitivo vencimiento de la revolución por el imperio de las armas. [*El Nacional*, 5 de octubre de 1897.]

Este tipo de disensiones era inexistente en la prensa norteamericana, para la que el alto número de muertos y las condiciones en las que estaba teniendo lugar la reconcentración no eran tanto una muestra del carácter sanguinario de Weyler como del de los españoles como pueblo. Era obligación de Estados Unidos intervenir para poner fin a la carnicería.

En este contexto, y con 1896 como fecha clave, los pasos hacia la intervención se sucedieron de manera aparentemente inexorable. El 9 de enero de 1896 el secretario de Estado del Gobierno estadounidense, Richard Olney, recibió en audiencia a una representación de los insurrectos cubanos, quienes le pidieron el reconocimiento del derecho de beligerancia, que el Senado aprobaría el 28 de febrero y el Congreso el 22 de marzo. El mismo Olney, en abril de 1896, envió una nota a Madrid en la que, bajo el pretexto de ofrecer la mediación de su Ejecutivo, presionaba a aquél, para que dejando «a España sus derechos de soberanía, consiga para el pueblo de la isla todos aquellos derechos y poderes de Gobierno propio local que pueda razonablemente pedir».

Las elecciones presidenciales de ese mismo año, con la victoria de McKinley, mucho más proclive a una intervención que su predecesor, Cleveland, supusieron un nuevo hito en el camino a la guerra. El 18 de diciembre 1896 era el propio Senado norteamericano el que pedía a su Gobierno el reconocimiento de la independencia de Cuba; presiones a favor de la intervención frente a las que España poco podía hacer, más allá de contemporizar con retóricas llamadas a las excelentes relaciones entre ambos países y denunciar el apoyo, vulnerando todos los principios del derecho internacional, proporcionado a separatistas y filibusteros que se encontraban en territorio estadounidense. Menos todavía en el caso de Antonio Cánovas del Castillo, en esos momentos presidente del Gobierno español, convencido de que las relaciones internacionales eran un asunto de intereses y de que España nada podía ofrecer a las potencias europeas en el caso de Cuba, por lo que era inútil intentar buscar cualquier apoyo de éstas frente a Estados Unidos. Tal como respondió a una pregunta de Segismundo Moret el 21 de mayo de 1897, «las potencias extranjeras no intervendrán de ninguna manera ni eficaz ni violenta en los conflictos que tenga España con motivo de la guerra de Cuba». El 8 de agosto, el anarquista italiano Michele Angiolillo asesinó a Cánovas del Castillo, presidente del Consejo de Ministros, en el balneario de Santa Águeda, en Mondragón. La muerte del artífice de la Restauración supuso un giro radical, no sólo en el desarrollo de la guerra, sino también en la forma en que se van a gestionar las relaciones con Estados Unidos.

La política de primero ganar la guerra y después negociar daría paso a otra de sesgo claramente apaciguador, tanto en relación con los insurrectos como con Estados Unidos. El encargado de llevarla a cabo sería el líder del Partido Liberal, Práxedes Mateo Sagasta, llegado al poder el 4 de octubre de 1897, que casi de inmediato ofreció a los rebeldes un alto el fuego a cambio de la concesión de una amplia autonomía.

La nueva política de apaciguamiento incluyó la destitución de Weyler, sustituido por el general Ramón Blanco, y el fin de la política de reconcentración, los dos ejes de la movilización antiespañola en Estados Unidos; para los rebeldes cubanos, la concesión de un generoso indulto para los condenados y exiliados, la disposición a abrir un diálogo que pusiese fin a las hostilidades y el ofrecimiento de un gobierno autónomo, que, ante la negativa de los líderes cubanos a negociar un alto el fuego y la presión del Gobierno norteamericano, el español puso en marcha de manera unilateral y con el apoyo del Partido Liberal Autonomista de Cuba. Fue un cambio radical tanto de objetivos como de estrategia, del primero ganar la guerra y después negociar al negociar como estrategia para poner fin a la guerra. Según escribió el general Pando, jefe del Estado Mayor del general Blanco en Cuba, en un informe remitido al Senado el 20 de octubre de 1898, «si durante el mandato del general Weyler la premisa fue "hasta el último hombre y la última peseta", durante el del general Blanco ésta fue "ni un hombre más y ni una peseta más"».

El 25 de noviembre de 1897, el Consejo de Ministros aprobó tres reales decretos. El primero extendía a las Antillas, con veinte años de retraso, los derechos fundamentales consagrados en la Constitución de 1876; el segundo establecía el sufragio universal masculino para los mayores de veinticinco años —puede considerarse una extensión del anterior, ya que se trataba también del reconocimiento de derechos ya vigentes en la metrópoli—, y el tercero, el más revolucionario, establecía un régimen autonómico para Cuba y Puerto Rico (Filipinas y las demás islas del Pacífico quedaban una vez más fuera de este nuevo sistema político).

La base de este régimen autonómico era el establecimiento de parlamentos bicamerales en cada isla, con una Cámara de Representantes, equivalente a lo que era el Congreso de los Diputados en España, y un Consejo de Administración, a grandes rasgos una especie de Senado, con competencias en Justicia, Interior, Economía, Hacienda, Obras Públicas y «todos aquellos asuntos de índole puramente local que afectaran principalmente al territorio local» (art. 32). Los complementaba un Ejecutivo compuesto por un presidente y cinco secretarios (Hacienda, Gracia y Justicia y Gobernación, Obras Públicas y Comunicaciones, Instrucción Pública y Agricultura e Industria y Comercio). El Gobierno español, representado por el gobernador general, se reservaba las relaciones internacionales y el ejército. Quedaba por tanto en manos de cubanos y puertorriqueños toda la administración interior, algo ya previsto en las instrucciones del nuevo ministro de Ultramar, Segismundo Moret, al sustituto de Weyler, Ramón Blanco, acerca de que el poder debería pasar a ser ejercido «por la población insular, a cuyas iniciativas correspondería en adelante el gobierno del país para cuanto a sus intereses propios se refiere» («Instrucciones de Moret a Blanco», 17 de octubre de 1897).

Se trataba de una reforma político-administrativa que iba mucho más lejos que cualquiera de los proyectos autonómicos anteriores y cuyos objetivos podrían resumirse en contentar a la opinión pública norteamericana, con Weyler y la política de reconcentración convertidos en las bestias negras de periódicos y revistas, y buscar algún tipo de acuerdo con los rebeldes que, sin llegar a la independencia, satisficiese las demandas de un mayor autogobierno. La urgencia del Ejecutivo español era tanta que el nuevo régimen autonómico entró en vigor de manera casi inmediata, con el establecimiento, el 1 de enero de 1898, de un Gobierno interino, mientras tenían lugar las elecciones a la Cámara de Representantes y el Consejo de Administración, dirigido por el presidente del Partido Liberal Autonomista, José María Gálvez. La Constitución autonómica para Cuba y Puerto Rico había sido publicada en la *Gaceta de La Habana* apenas diez días antes, el 20 de diciembre de 1897.

Los problemas, al margen de esta premura, eran, por un lado, el rechazo de los rebeldes de cualquier alternativa que no incluyese la independencia absoluta de Cuba, y, por otro, las exigencias de una rápida conclusión de la guerra planteadas por el recién elegido McKinley, y que su embajador, Woodford, había transmitido al Gobierno español nada más llegar a Madrid, el 23 de septiembre de 1897, todavía con los conservadores en el poder.

Si bien el primero incluía ciertas ambigüedades, ya que, a pesar del rechazo de los jefes rebeldes a cualquier tipo de acuerdo, el número de los que se acogieron al indulto decretado por el Gobierno español fue, al menos en los inicios, relativamente alto —suficiente, en todo caso, para inquietar a los líderes independentistas—, el segundo no presentaba ninguna, puesto que las exigencias del Gobierno estadounidense tenían mucho de ultimátum. La respuesta del español fue una nota, entregada al embajador norteamericano el 23 de octubre, en la que se afirmaban el carácter interno del problema cubano y el derecho de España a resolverlo sin injerencias de otros países. Ésta era la parte dura de la nota. En la blanda se aludía a las nuevas medidas (el relevo de Weyler y las reformas político-administrativas) que se estaban tomando, se aceptaba una posible mediación estadounidense, despojada del carácter intervencionista que la propuesta de McKinley tenía, y se concluía afirmando la buena disponibilidad del Gobierno español a estudiar las propuestas y sugerencias que el norteamericano tuviese sobre Cuba. En resumen, se intentaba contemporizar, ganando tiempo para el proyecto de pacificación, la gran apuesta de Sagasta, a la vez que se reafirmaba la soberanía española sobre la isla y se negaba el derecho de Estados Unidos a intervenir en un asunto que era interno y no de relaciones entre estados.

Para finales de 1897 la situación parecía estar más o menos encauzada. El mensaje del presidente McKinley al Congreso estadounidense del 6 de diciembre, aunque muy crítico con la actuación del ejército español y las políticas de Weyler, fue más moderado de lo que se esperaba. El presidente norteamericano habló de conceder a España «una oportunidad razonable para realizar sus esperanzas y probar la pretendida eficacia del nuevo orden de cosas», aunque advirtiendo de que, en caso de que éstas no se cumpliesen, «no quedará más remedio que afrontar la necesidad de que Estados Unidos emprenda otra suerte de acción». Más problemas planteaba el ataque a Weyler, cuyas políticas el presidente norteamericano calificó de brutales y capaces de horrorizar al mundo, pero su blanco era un militar al que Sagasta acababa de deponer, por lo que a pesar de las protestas de aquél, incluidas una carta al ministro y otra a la reina regente, el Gobierno español prefirió ignorarlo.

A principios de 1898 un asunto menor, los disturbios promovidos por un grupo de oficiales, del ejército y de los cuerpos de voluntarios, a favor de Weyler y en contra de su recién nombrado sustituto, Blanco, culminó, el 13 de enero, en el ataque a las redacciones de tres periódicos de La Habana, el españolista *Diario de la Marina*, al que a pesar de su españolismo se acusaba de no ser suficientemente beligerante contra el nuevo Gobierno autónomo, el autonomista *La Discusión*, por sus posturas políticas a favor de la autonomía, y el independentista *El Reconcentrado*, éste por motivos evidentes. Fue un incidente no demasiado relevante, pero que la prensa estadounidense puso como ejemplo de la incapacidad o falta de voluntad del Gobierno español para garantizar el orden en la isla y proteger los intereses norteamericanos en ella (durante los desórdenes habían sido atacados también algunos negocios y empresas propiedad de ciudadanos estadounidenses).

El presidente McKinley, presionado por la prensa pero también por el Congreso, ordenó el despliegue de algunas de las principales fuerzas navales norteamericanas en el golfo de México y el Caribe y la concentración de los mejores barcos de la armada en Cayo Hueso, a apenas unas horas de Cuba. A ello se añadió el envío de dos barcos de guerra más, el *Maine* y el *Helena*, el primero a La Habana y el segundo a Lisboa. La voluntad intimidatoria era clara, especialmente en el caso del *Maine*, uno de los acorazados más modernos y poderosos de la armada norteamericana, pero también en el del *Helena*, cuya presencia en Lisboa podía interpretarse como una advertencia sobre la posibilidad de extender el conflicto al territorio metropolitano español, algo con lo que el Gobierno estadounidense siempre había amenazado de una u otra forma.

El envío del *Maine*, aprobado en una reunión al más alto nivel el 24 de enero de 1898, con la participación del presidente, el secretario de Estado, el secretario de Marina, el secretario de Justicia y el comandante en jefe de la armada, tenía todos los visos de una provocación, de ser el pretexto que Estados Unidos llevaba tiempo buscando para declarar la guerra a España. Así lo entendió la prensa norteamericana, como el *Evening Star*, que esa misma tarde publicó un editorial aplaudiendo la medida a la vez que explicaba las posibilidades que la presencia del buque en aguas cubanas tenía de desembocar en un (deseable) conflicto abierto. Y también el Gobierno español, que, ahora sí de manera explícita, preguntó al Gobierno alemán, por medio de su embajador en Berlín, Santiago Méndez de Vigo, si estaría dispuesto a encabezar una acción de las monarquías europeas contra la república norteamericana, petición que incluía en su enunciado una clara voluntad de plantear el asunto no desde la perspectiva de la defensa de los intereses españoles, sino de la de los principios monárquicos; era un planteamiento al que el emperador alemán, convertido en baluarte de estos principios en Europa, podría mostrarse a priori más receptivo.

El Gobierno estadounidense justificó el envío del *Maine* como un acto de buena voluntad y el del *Helena*, camino del Extremo Oriente, como una respuesta de cortesía para devolver la reciente visita de un barco portugués a puertos de Estados Unidos. Eran explicaciones poco convincentes, máxime cuando al *Helena* se añadieron poco después tres cruceros más, el *Bancroft*, el *Machias* y el *San Francisco*, una pequeña flota a escasa distancia de las costas españolas, pero el Gobierno español las dio oficialmente por buenas. Tampoco tenía muchas más opciones. Respondió con un cordial recibimiento al capitán del *Maine* en La Habana, incluidas una visita a la ciudad y la asistencia a una corrida de toros, y el anuncio del envío, también en señal de amistad, del buque más moderno de la armada, el *Vizcaya*, a Nueva York. No así la prensa española, que, incluidos los periódicos próximos al Gobierno, alertó de los riesgos de que cualquier incidente pudiese ser utilizado por los norteamericanos como pretexto para inmiscuirse en los asuntos cubanos. El envío de un buque de guerra no podía ser considerado precisamente un acto de amistad.

El anuncio de que Estados Unidos estaba dispuesto a iniciar conversaciones para la firma de un acuerdo comercial con España, cuyo eje era precisamente el comercio con Cuba, pareció calmar la situación. Sin embargo, la publicación por *The New York Journal*, el 9 de febrero de 1898, de una carta del embajador español en Estados Unidos, Enrique Dupuy de Lôme, a José Canalejas volvió a tensar nuevamente las relaciones entre ambos países. Se trataba de una misiva privada, escrita con motivo de una breve visita de Canalejas a Estados Unidos, pero de la que, durante el posterior paso del político español por Cuba, un agente de los rebeldes cubanos, Gustavo Escoto, se hizo con una copia, que envió a Tomás Estrada Palma, el presidente del Partido Revolucionario Cubano, residente en Nueva York, quien, además de a *The New York Journal*, hizo llegar una copia a Washington. Lo más grave de su contenido no eran las despectivas opiniones del embajador español sobre el presidente estadounidense, «débil y populachero», que fue a lo que de manera unánime más atención prestó la prensa sensacionalista norteamericana, sino que no quedaba claro cuáles eran las verdaderas intenciones del Gobierno español en relación con la firma del tratado comercial y el recién aprobado régimen autonómico. El embajador español, muy crítico con el proyecto autonomista de Sagasta, concluía que era sólo una forma de ganar tiempo y no un proyecto político a largo plazo.

El incidente fue zanjado con la renuncia casi inmediata, el 10 de febrero, del embajador español y el nombramiento de un nuevo ministro plenipotenciario, pero a esas alturas la mayoría de los observadores, incluidos los embajadores de las potencias europeas en Washington y Madrid, ya consideraban la guerra poco menos que como inevitable. Nada muy diferente pensaba el Gobierno español, que, a pesar del riesgo de aumentar la tensión con Estados Unidos, sondeó las posibles respuestas de las potencias europeas en caso de una declaración de guerra; todas fueron decepcionantes para los intereses españoles, en general una sucesión de evasivas.

LA GUERRA CON ESTADOS UNIDOS: EL ESTALLIDO DEL *MAINE*

El estallido del *Maine* empujó al Gobierno español a un último intento de recabar apoyo solicitando a las potencias europeas algún tipo de gestión diplomática en Washington que impidiese que Estados Unidos declarase la guerra. Alemania, Francia y Austria-Hungría se mostraron dispuestas a llevarla a cabo, siempre que la iniciativa proviniera de otra de las potencias. Alemania y Austria-Hungría proponían que fuese Francia, por su condición de república, lo que podría suscitar menos recelos en el Gobierno norteamericano, y la potencia gala que fuera Austria-Hungría, por el parentesco del emperador austriaco con la reina regente española y por carecer de intereses en una zona en la que, de uno u otro modo, todas las demás los tenían. Reino Unido, por su parte, se seguía mostrando sumamente recelosa de adoptar cualquier medida que pudiera perjudicar sus relaciones con Estados Unidos; tal como precisaban las instrucciones de Arthur James Balfour, a cargo en esos momentos del Ministerio de Asuntos Exteriores británico por estar ausente Salisbury, a sus embajadas en Madrid y Washington, el Gobierno británico no tenía «el propósito de dar ningún paso que pueda no ser aceptable para el Gobierno de Estados Unidos». Y lo que era aceptable para el Ejecutivo de Estados Unidos parecía resumirse en el ultimátum que el presidente McKinley, por medio de su embajador en Madrid, presentó a las autoridades españolas el 29 de marzo de 1898 exigiendo el pago de una indemnización por el *Maine*, un armisticio inmediato, que estuviera en vigor hasta el 1 de octubre de 1898, y la negociación de la independencia con los rebeldes, con la mediación de Estados Unidos, exigencias que el Gobierno español se mostró dispuesto a aceptar salvo la última, la fundamental desde la perspectiva norteamericana.

El Gobierno español intentó romper la situación de bloqueo con una petición personal de María Cristina a su pariente el emperador de Austria; la regente, «con lágrimas en los ojos», según el embajador de Viena en Madrid, le pidió que fuese su Gobierno el que tomase la iniciativa. La respuesta de Austria-Hungría fue positiva, aunque sus gestiones no lo fueron tanto. Alemania, tras aludir a los importantes intereses comerciales y navieros que compartía con Estados Unidos, se comprometía a participar en la iniciativa siempre que Austria-Hungría consiguiese la implicación de Reino Unido y Francia; estaba en realidad más interesada en ver qué partes del Imperio español podía reclamar después de la segura derrota frente a Estados Unidos. Francia, en principio también favorable a la propuesta, condicionaba su participación a que se involucraran todas las grandes potencias europeas y a que la iniciativa tuviera un claro carácter amistoso y no de presión sobre Estados Unidos. Menos receptivas todavía fueron Rusia e Italia; la primera consideraba que bajo ningún motivo las potencias europeas debían inmiscuirse en un conflicto que en esencia era no europeo, y la segunda que Estados Unidos rechazaría cualquier tipo de intervención europea en un asunto americano.

Ninguna de las potencias europeas estaba en realidad dispuesta a enfrentarse a Estados Unidos, y el resultado de las negociaciones entre las cancillerías europeas fue una especie de parto de los montes: la entrega, el 7 de abril, de una nota, firmada por los representantes en Washington de las seis mayores potencias europeas, en la que se apelaba a los sentimientos de humanidad del pueblo estadounidense para que no declarase la guerra a España, a la vez que se invitaba a Washington a aceptar la mediación del papa León XIII; algo así como nada. Ni siquiera podía ser considerado un acto de presión diplomática, y así lo interpretó el Gobierno norteamericano, cuya ambigua respuesta fue subrayar la necesidad de que España garantizase el orden y el respeto a los derechos de los cubanos.

Cuatro días después, el 11 de abril, el presidente McKinley solicitó en su mensaje al Congreso estadounidense, «en nombre de la humanidad, en el nombre de la civilización y en representación de los valores americanos amenazados, plenos poderes para intervenir en Cuba». Además de un preciso y escueto resumen del discurso moral del nuevo imperialismo norteamericano, en la práctica era una declaración de guerra, con la novedad de que en su discurso McKinley desvinculaba de manera explícita la intervención de Estados Unidos de cualquier tipo de reconocimiento a los rebeldes y de apoyo a la independencia.

> Ni los hechos ni el derecho pueden justificar el reconocimiento de la beligerancia y mucho menos el de la independencia de Cuba. No hay ventaja ni conveniencia alguna en hacerlo aunque estuviese justificado, puesto que ese reconocimiento no es necesario para que Estados Unidos pueda intervenir para pacificar la isla.

El conflicto bélico dejaba de ser un enfrentamiento entre los rebeldes cubanos y el Gobierno español, a medias guerra de independencia y guerra civil, para convertirse en una guerra internacional entre España y Estados Unidos.

Una vez iniciada la conflagración, el episodio central será la derrota de Santiago de Cuba, seguida de la batalla, ésta terrestre, de Lomas de San Juan, también con derrota española, que llevará a la capitulación del 16 de julio, por la que el general José Toral rendía las tropas de Santiago y de su distrito ante el general norteamericano William Rufus Shafter, sin la presencia de representantes del ejército rebelde cubano a pesar de su participación en la batalla. Los estadounidenses asumían el papel de conquistadores y no de aliados de los cubanos.

El 28 de julio el ministro de Asuntos Exteriores español, el duque de Almodóvar del Río, envió un telegrama al Gobierno francés pidiendo su intervención para la firma de un armisticio, en realidad una rendición sin condiciones. La respuesta de Washington, remitida el 30 de julio, incluía como exigencias la renuncia a toda soberanía sobre territorios americanos, la entrega de Puerto Rico como indemnización por los gastos bélicos y la ocupación de Filipinas, cuyo estatus definitivo se fijaría en las posteriores negociaciones de paz, así como la amenaza de que si eran rechazadas se reanudaría la guerra, con la posible inclusión de nuevas compensaciones territoriales, que el Gobierno español entendió que podían referirse a Canarias o las Baleares. El 10 de agosto el Gobierno estadounidense presentó al español, a través del embajador de Francia, un protocolo de suspensión de las hostilidades que, a pesar de la oposición del general Blanco, fue aceptado por el Ejecutivo presidido por Sagasta, firmándose el armisticio entre los dos países el 13 de agosto. Las condiciones se atenían a lo propuesto por Estados Unidos en su respuesta del 30 de julio, más el compromiso por ambas partes de reunirse en París, antes del 1 de octubre, para negociar el tratado de paz definitivo. Las negociaciones tuvieron lugar entre el 1 de octubre y el 10 de diciembre, y culminaron en el Tratado de París del 11 de abril de 1899, que ponía fin a la guerra y a la multisecular presencia española en el Caribe y el Pacífico.

3
EL 98 Y LA SOCIEDAD ESPAÑOLA

La realidad histórica de la guerra no debe hacernos olvidar que el 98 fue sobre todo un estado de ánimo; sumió en una profunda crisis a una sociedad a la que la derrota frente a Estados Unidos y la pérdida de las posesiones ultramarinas obligaron a replantearse el sentido de su existencia como comunidad en la historia, y propició el surgimiento de la generación del 98, cuya misma denominación es ya una afirmación del lugar que ocupó el Desastre en su definición intelectual, pero también dejó huella en el regeneracionismo, que, aunque se remontaba a antes del 98, cobró un nuevo sentido a partir de éste y tuvo una importancia no menos relevante en la evolución histórica de la España del siglo xx.

Las preguntas acerca de este esquema, tantas veces repetido, son sin embargo muchas. La primera sería hasta qué punto el 98 fue un fenómeno exclusivamente español y, por consiguiente, si la derrota frente a Estados Unidos fue tan importante como se ha querido ver o sólo un ingrediente más de procesos en los que se vieron involucrados otros países europeos en torno a esas fechas. Llevada hasta sus últimas consecuencias, plantearía el problema de hasta qué punto el 98 español no fue en gran parte una construcción imaginaria, incluida la propia denominación de «generación del 98», que quizá sería mejor entender como una variante española de los modernismos europeos contemporáneos.

En el campo de los estudios literarios, este tipo de reflexiones comenzaron desde muy pronto, de hecho desde el mismo momento en que empezó a extenderse la denominación «generación del 98», cuando algunos de los autores incluidos en ella, como Pío Baroja, negaron con vehemencia dicha pertenencia: «Yo no creo que haya habido, ni que haya, una generación de 1898. Si la hay, yo no pertenezco a ella» (*Divagaciones apasionadas*, 1924). Más tarde, y de forma más consistente, cuando historiadores de la literatura comenzaron a cuestionar la pertinencia de una denominación que suponía la exclusión de los autores españoles de la evolución general de la literatura europea, a pesar de las profundas imbricaciones y relaciones de la obra de éstos con los modernismos finiseculares del resto del continente (todos, incluido el español, en el contexto común de la vorágine neorromántica generada por la crisis del racionalismo positivista, con Nietzsche como maestro indiscutido, pero sin olvidar la aportación de Schopenhauer o Kierkegaard). Se trataría de una crisis que no habría sido sólo política sino también ideológica, religiosa y estética, incluso de sensibilidad, de forma de percibir el mundo. Y todavía más recientemente, y a caballo ya entre los estudios literarios e históricos, con el cuestionamiento del concepto mismo de «generación del 98», que en realidad lo sería del propio concepto de «generación» tal como fue utilizado por muchos pensadores españoles de las primeras décadas del siglo xx.

También en el campo de la historia, y también desde fechas relativamente tempranas, empezó a cuestionarse esta supuesta excepcionalidad española. Fueron varios los países europeos (Portugal, Italia y Francia, además de la propia España) que en el último cuarto del siglo xix sufrieron importantes derrotas en la descarnada competencia por el reparto colonial característica de la época, acompañadas de crisis internas de parecido dramatismo. El español sería uno más de los varios desastres y derrotas sufridos por los países del sur de Europa en el tránsito entre los siglos XIX y XX.

El 98 español, como insistió en sus trabajos José María Jover, formaría parte del reajuste geopolítico global de finales del siglo XIX y principios del XX, con el desplazamiento de las naciones latinas por parte de las germánicas y anglosajonas como grandes potencias coloniales. Así fue visto ya en la época, como un capítulo más de la decadencia de las razas latinas tras las anteriores derrotas de Francia, Italia y Portugal a manos de naciones de raza anglosajona o germánica, como el último de una serie cuyo episodio mayor había tenido lugar varios años antes, en 1870, con la derrota infligida por la emergente Prusia a la aparentemente pujante Francia de Napoleón III (la Débâcle francesa, que tanto recuerda, hasta por el nombre, al Desastre español). Un desastre, por lo demás, bastante más doloroso y catastrófico que el español, con la entrada de las tropas prusianas en París y la cesión de parte del territorio metropolitano francés (Alsacia y Lorena) a los vencedores. Ni los norteamericanos llegaron a entrar en Madrid, ni Cuba, Puerto Rico, Filipinas y Guam, a pesar de la retórica afirmación de que eran provincias como las demás, formaban parte del territorio metropolitano español.

La decadencia de las naciones latinas incluía varios episodios humillantes más: la derrota italiana en Adua (1896), un auténtico baño de sangre, particularmente humillante por haber tenido lugar a manos del ejército del emperador de Etiopía, en la imaginación de la época un país de salvajes sin civilizar; el ultimátum británico al proyecto portugués de conectar Angola con Mozambique (1890), ajeno a cualquier principio de legalidad internacional (el único argumento de Reino Unido fue que podía interferir en su deseo de conectar El Cairo con El Cabo, pero al que el Gobierno luso no le quedó otra opción que plegarse); la detención del avance francés en Indochina (1896), con Francia obligada por Reino Unido a aceptar la existencia del Estado tapón de Siam, y el incidente de Fachoda (1898), con Francia, la nación que parecía llevar la antorcha del progreso y la civilización entre las latinas, obligada de nuevo por Reino Unido a renunciar a su expansión hacia Egipto.

La decadencia de los pueblos latinos frente a los anglosajones o nórdicos en general se había convertido para finales del siglo XIX en una especie de lugar común, repetido una y otra vez en libros, periódicos y conferencias. En el contexto de una cultura política en la que la idea de unas naciones vivas frente a unas naciones muertas o moribundas —*living nations* frente a *dying nations*, según la terminología popularizada por lord Salisbury, el influyente político inglés— formaba parte habitual del discurso público, estas últimas estaban condenadas a dejar el campo libre a las primeras, que eran las destinadas a definir la historia de la humanidad. Entre las naciones moribundas se incluía no sólo la española, sino también varias otras, como Portugal, Rusia o, fuera de Europa, China. No hay que olvidar que, al tiempo que el 98 español, hubo tres años antes uno chino: en 1895 la vieja potencia imperial china fue derrotada —de manera no menos humillante que España por Estados Unidos— por un emergente Japón y obligada a firmar, el 17 de abril de 1895, el Tratado de Shimonoseki, con el reconocimiento de la independencia de Corea, convertida de facto en un protectorado nipón, y la cesión a Japón de la península de Liandong, Jinzhou, el extremo sur de la provincia de Liaoning, la isla de Taiwán y el archipiélago de las islas Pescadores.

El sentimiento de decadencia, por lo demás, fue común al conjunto de la cultura europea finisecular, con un claro componente, al igual que en el caso español, de fin de época, de crisis de un modelo civilizatorio en el que durante más de un siglo habían aparecido amalgamados los valores ilustrados y liberales en el molde común de un progreso que se creía indefinido; una decadencia que era la de las naciones pero también la de los individuos, los imperios y los grupos sociales.

Si hubo una particularidad española no fue tanto la derrota en sí como la forma en que ésta se insertaba en un relato historiográfico que hacía de la idea de decadencia algo consustancial al pasado español. No hay que olvidar, sin embargo, que esta idea de decadencia no afectaba a la retórica de todos los grupos intelectuales, que hubo otros proyectos que no necesariamente interpretaron la historia de España en esta clave, caso de los republicanos y los socialistas. Y esto nos lleva necesariamente a plantearnos los distintos posicionamientos de la sociedad española, frente a la guerra y frente a la derrota.

Se trataba de unos posicionamientos, primero frente a la guerra de Cuba, después frente a la guerra con Estados Unidos y, finalmente, frente a la derrota, complejos y contradictorios, tal como de manera muy precisa refleja esa conocida y ambigua expresión de «más se perdió en Cuba», frase incompleta que concluía con el menos conocido pero igual de revelador «y volvieron cantando». Esta última afirmación puede entenderse, y quizá éste sea su sentido primero, como una muestra del valor y orgullo que se suponían característicos del ser español, pero también del alivio por el final de la gigantesca sangría. Es posible que para muchos españoles se tratase sólo de una guerra absurda en la que lo único bueno fue su fin. El «volvieron cantando» tendría así un claro sentido de celebración, por el fin de la sangría de vidas humanas pero también de recursos económicos («Durante cuatro años, la guerra se ha estado tragando un canal de riego cada semana, un camino cada día, 10 escuelas en una hora y en media semana los 44 pueblos creados por Olavide y Aranda en los valles de Sierra Morena»; Joaquín Costa, *Reconstitución y europeización de España. Programa para un partido nacional*, 1900).

He aquí, pues, el 98 como una liberación y no como el gran psicodrama colectivo construido por las élites políticas e intelectuales, con la inestimable colaboración de unos medios de comunicación que contribuyeron con entusiasmo tanto a su construcción como, sobre todo, a su difusión. El patriotismo vocinglero de la prensa no representaba necesariamente la opinión de aquellos que al parecer recibieron la noticia del fin de la guerra con una mezcla de alivio e indiferencia. Es lo que afirma el que posiblemente haya sido el más célebre artículo contemporáneo sobre la derrota, «España sin pulso», de Francisco Silvela, publicado en el periódico *El Tiempo* el 16 de agosto de 1898: «La guerra con los ingratos hijos de Cuba no movió ni una sola fibra del sentimiento popular».

La conocida imagen de una población que, al día siguiente de recibida la noticia de la derrota, llenaba los cafés, los teatros y las plazas de toros, repetida por periódicos y líderes de opinión, todos insistiendo en la idea de una sociedad indiferente ante la derrota. Decenas y decenas de ejemplos sobre los que, sin embargo, y a pesar de la aparente unanimidad, es necesario un cierto escepticismo. Eran esos mismos periódicos y líderes de opinión los que meses antes hablaban de la oleada de patriotismo que recorría la sociedad española. Es posible que tanto en un caso como en otro, en el del patriotismo que inflamaba a todos los españoles y en el de la indiferencia con la que fue acogida la derrota, de quien nos estén hablando sea de sus autores, no de la sociedad española.

Hay que ser por tanto muy cuidadosos cuando se habla de los posicionamientos de la sociedad española frente al 98 y no confundir el de sus élites, que por otro lado es aquel del que más información tenemos y el que ha definido el papel del Desastre en la memoria colectiva, con el del conjunto de la población. El 98 fue un estado de ánimo, pero mucho más de las élites políticas e intelectuales que del conjunto de los españoles. Fueron ellas las que vivieron la derrota como un desastre y las que, una vez producida, reconstruyeron la historia de la nación como la de un fracaso.

En un primer momento, durante los tres años de guerra previos a la derrota del 98, la opinión de estas élites fue, en general, de rechazo a reconocer cualquier posibilidad de independencia de Cuba y cualquier posibilidad de negociación con un Estados Unidos que para ellas representaba la antítesis de España, por lo que se refería a sus valores políticos y religiosos pero también civilizatorios. No hay que desdeñar, sin embargo, el papel que para ciertos sectores liberal-democráticos y republicanos desempeñaba la república norteamericana como modelo que imitar en contraposición al de la Restauración: sistema republicano, ausencia de aristocracia, sentido democrático de las relaciones sociales, no intervención de la Iglesia en la vida pública, etc. Eran grupos con una larga tradición de simpatía por Estados Unidos, presente, por ejemplo, en los miembros de la Liga Abolicionista —nacida en parte como una respuesta española a la guerra de Secesión estadounidense y, por tanto, partidaria de los finalmente triunfadores unionistas, y en la que había figuras tan destacadas como Juan Valera, Benito Pérez Galdós o Emilio Castelar—, pero también en muchos de los fundadores de la Institución Libre de Enseñanza, caso de Gumersindo de Azcárate, quien en 1891, casi a las puertas del estallido de la guerra de Cuba, publica *La república norteamericana*, con un juicio global claramente positivo sobre sus instituciones, o de Francisco Giner de los Ríos, cuya admiración por el sistema educativo estadounidense le llevó incluso, una vez terminada la guerra, a elogiar las mejoras que en el funcionamiento de la Universidad de La Habana había traído consigo la invasión norteamericana.

Fueron por otra parte algunos de estos grupos, especialmente los republicanos federalistas, los únicos que, junto con los socialistas, pero éstos por motivos diferentes, se opusieron a la guerra («Contrarios a la guerra [...] no hay más elementos políticos que Pi y Margall y una parte de sus huestes y el Partido Socialista»; *El Socialista*, 22 de abril de 1898). Francisco Pi y Margall, el líder más destacado de los republicanos federalistas, se posicionó desde el primer momento a favor del reconocimiento del derecho a la independencia de los cubanos. Es lo que afirmó, de manera clara y contundente, apenas cuatro meses después de iniciada la guerra en una conferencia impartida el 22 de junio de 1895 en el Centro Republicano Federal de Madrid, y lo que a contracorriente siguió manteniendo, convencido de que Estados Unidos no tenía ninguna voluntad de anexionarse la isla y de que, en caso de hacerlo, lo haría respetando todos sus derechos y libertades, con la ventaja de su integración en una economía mucho más próspera y dinámica que la española. Era la vieja fascinación de algunos republicanos españoles por el que consideraban el país de la democracia.

No fue ésta la visión de todos los sectores del republicanismo; mientras que algunos, como los salmeronianos, apoyaron la guerra, otros, como el influyente Castelar, mantuvieron un complejo discurso antibelicista pero patriótico: dar la mayor autonomía posible a las provincias de ultramar siempre que no se pusiese en cuestión la integridad nacional (en la práctica equivalía a apoyar la guerra, dado que el objetivo de los insurrectos era la independencia y, por consiguiente, la fractura de la unidad de la nación). Este posicionamiento era probablemente hegemónico —con la única excepción de los republicanos federalistas— en el conjunto del republicanismo español, como refleja la nota, firmada por algunas de las figuras más destacadas de esta ideología (Nicolás Salmerón, Gumersindo de Azcárate, Manuel Pedregal, Vicente Blasco Ibáñez, Rafael María de Labra y José María Esquerdo), publicada en el periódico *La Publicidad* el 28 de marzo de 1896: «Es de interés supremo mantener a toda costa y sin reserva la integridad de la patria». Nada demasiado alejado del «hasta el último hombre y la última peseta» de Antonio Cánovas del Castillo.

EL MOVIMIENTO OBRERO Y LA GUERRA DE CUBA

Igual de contundente que la de los federalistas de Pi y Margall, aunque por motivos distintos, fue la oposición del incipiente movimiento obrero, que, en sus versiones tanto socialistas como anarquistas, había mostrado desde sus orígenes una clara voluntad de construcción de una cultura propia, diferente de la burguesa. No se trataba sólo de mejorar las condiciones de vida de los trabajadores, sino de construir visiones alternativas globales de carácter moral, cultural y político.

En el proceso de construcción de esta cultura obrera alternativa a la hegemónica burguesa, las reflexiones sobre la guerra, y en menor medida también sobre el problema del colonialismo en su relación con aquélla, habían sido habituales entre los pensadores del movimiento obrero, que de manera general habían llegado a la conclusión de que respondía a intereses de los dueños del capital y de que, por tanto, en ella los obreros no tenían nada que ganar. Ésta fue ya la propuesta de la Primera Internacional Socialista, en cuya comunicación inaugural (1864) se puede leer que la emancipación de los trabajadores era incompatible con una «política exterior que persigue fines criminales, pone en juego los prejuicios nacionales y dilapida en guerras de piratería la sangre y las riquezas del pueblo».

Esta línea de pensamiento era asimismo claramente hegemónica en el Partido Socialista Obrero Español, que desde el primer momento defendió poner fin a la guerra por cualquier medio, incluido el de la independencia.

> Dejemos que Cuba sea libre. Dejemos a esos que quieren la guerra constituir sus propios batallones de voluntarios; dejémosles seguir con la guerra bajo su propio riesgo; dejémosles que vayan por sí mismos a enviar a sus hijos [...]. Nosotros los socialistas queremos la paz. [*El Socialista*, 15 de abril de 1898.]

El origen de dicho posicionamiento hay que buscarlo, como se acaba de comentar, en la tradición internacionalista de sus fundadores, la mayoría antiguos militantes de la Primera Internacional, para quienes, siguiendo el viejo axioma del *Manifiesto comunista*, «los obreros no tienen patria». El programa oficial del partido, reescrito en 1880, no incluía de hecho ninguna referencia a términos como «patria», «nación» o «España», salvo el adjetivo «español» de su denominación.

El que «los obreros no tienen patria» será el eje de la oposición de los socialistas españoles a la guerra de Cuba. El 15 de marzo de 1895, apenas iniciado el conflicto, el órgano oficial del partido publica un artículo titulado «La Patria», cuyo argumento central es que ésta sólo existe para los propietarios, los que tienen algo. En la guerra de Cuba luchaban esclavos blancos (trabajadores españoles) contra esclavos negros (trabajadores cubanos), y los militantes socialistas debían abstenerse de participar en un enfrentamiento fratricida en el que los ganadores eran grandes capitalistas como el marqués de Comillas, quien, como propietario de la Compañía Trasatlántica, había encontrado en el transporte de tropas a Cuba uno de sus negocios más rentables. Será motejado continuamente por la prensa socialista de «primer patriota».

Ello llevará en un primer momento a una equiparación de los colonialistas españoles y los independentistas cubanos; si los obreros no tenían patria, tan ajenos a los intereses de los trabajadores, españoles o cubanos, eran los unos como los otros. El objetivo era «Guerra a la guerra», título de un artículo de Pablo Iglesias en *El Socialista* el 1 de mayo de 1898, que había sido uno de los lemas tradicionales del socialismo internacional. No obstante, ese antibelicismo radical tuvo que enfrentarse a la declaración de apoyo a los pueblos en lucha por la independencia realizada por el Congreso de la Segunda Internacional (Londres, 1896), y, por si quedaba alguna duda sobre su alcance, en el mismo congreso se votó una moción a favor de la independencia de cubanos, cretenses, macedonios y armenios.

En un primer momento el partido asumió esos posicionamientos sin ningún tipo de debate. Ya el 10 de octubre de 1896 aparecía en *La Lucha de Clases*, el periódico de los socialistas vizcaínos, un artículo en el que se pedía el «abandono completo de Cuba» y una posición más matizada respecto a Filipinas, a la que el Congreso de la Internacional no había hecho ninguna referencia, para la que se propone, «si todavía es tiempo», la expulsión de las órdenes religiosas y una reforma que permitiese reconducir la situación. En teoría era una toma de postura a favor de los insurrectos cubanos, algo que en realidad el PSOE nunca hizo, ya que, también desde muy pronto, tuvo que enfrentarse al sentimiento nacionalista de muchos de sus afiliados y simpatizantes (al margen de la contradicción que suponía el hecho de que los obreros españoles tenían que ser internacionalistas y los cubanos no).

En lo tocante a la movilización, el gran argumento de los socialistas, consecuencia de las contradicciones anteriores, no fue el «No a la guerra», sino el «¡Que vayan todos! ¡O todos o ninguno!», el rechazo no tanto a la guerra como a un sistema de reclutamiento que la hacía recaer de manera casi exclusiva en las espaldas de los hijos de las clases bajas. Dicha injusticia se remontaba a 1837, a los orígenes de la revolución liberal, cuando en España, al igual que en los países de su entorno, se estableció el servicio obligatorio para todos los españoles —la idea del ejército como la nación en armas tan cara al pensamiento liberal—, pero al mismo tiempo la posibilidad de redención en metálico y, un poco después, la sustitución. La legislación de quintas vigente al estallar la guerra, de acuerdo con la Constitución de 1876 y su afirmación de que todos los españoles eran iguales ante la ley, con los mismos derechos y deberes, mantenía esta obligatoriedad, pero también la posibilidad de evadirla, ya fuera por «redención en metálico», pagando al Estado el equivalente al servicio personal (un monto que la Ley de Reclutamiento y Remplazos del 11 de julio de 1885 había fijado en 1.500 pesetas para los destinados a la península y en 2.000 para aquellos a quienes les había tocado Cuba, Puerto Rico o Filipinas), tan habitual que acabó convirtiéndose en un verdadero negocio para el Estado; mediante el pago de un sustituto para que hiciese el servicio en lugar del recluta (menos habitual, ya que el sustituto tenía que cumplir una serie de condiciones que a partir de 1896 se volvieron muy restrictivas, entre ellas la de que sólo era posible entre hermanos), o por inutilidad para el servicio, desde no alcanzar la talla hasta padecer algún tipo de enfermedad o carencia física, siempre bajo la sospecha de extendidas formas de corrupción (el número de inútiles para el servicio aumentaba de manera significativa en épocas de guerra, prueba de que las sospechas sobre falsos certificados médicos no eran sólo propaganda antimilitarista).

Esto por lo que se refiere a las formas legales. Estaban también las ilegales, como por ejemplo, además de los certificados médicos falsos a los que se acaba de aludir, la deserción, saliendo del país antes de entrar en caja para el sorteo o, una vez entrado en quintas, haciéndolo de manera ilegal. También ésta experimentó un significativo aumento en tiempos de guerra: el porcentaje de desertores pasó del 22 por ciento en 1895 al 26 por ciento en 1898, muestra de que fue una opción, si no habitual, al menos frecuente.

Una característica común a todas estas formas de evitar el servicio militar era que estaban todas fuera del alcance de las clases bajas. No disponían de dinero para pagar la redención en metálico o la sustitución, ni tampoco, de manera general, tenían acceso a redes de influencias para ser declarados inútiles para el servicio de manera fraudulenta. La única, la deserción saliendo del país, era relativa, ya que el viaje a América, el principal destino migratorio de la época, incluso cuando se hacía de manera ilegal, pagando al capitán del barco y no a la empresa naviera, de polizón, era cara y exigía una cierta familiaridad con las redes, legales o ilegales, de emigración a América. No deja de ser revelador a este respecto que las regiones en las que la emigración a América había sido mayor en las últimas décadas del siglo XIX (Galicia, Asturias, Cantabria, País Vasco, Navarra y Cataluña), y por lo tanto con redes migratorias más fluidas, fueran también aquellas con un mayor número de prófugos y desertores durante la guerra de Cuba.

Los hijos de los más pobres se convertían así en patriotas por obligación, mientras que los de las clases medias y altas, a pesar del patriotismo vocinglero del que hacían gala, compraban, de una u otra forma, el derecho a no ir a la guerra. Como afirmará Joaquín Costa en *Oligarquía y caciquismo*, recordando las palabras pronunciadas el 1 de julio de 1896 por Martínez Campos en el Senado sobre los «valientes soldados que están sufriendo en las Antillas toda clase de privaciones [...] y cuyas madres se desprenden de ellos por puro patriotismo», la realidad era que las únicas madres que se desprendían de ellos, y casi seguro que no por puro patriotismo, eran las de las clases bajas. Los anarquistas convirtieron el célebre «hasta el último hombre y la última peseta» de Cánovas del Castillo en «hasta el último hombre que no tiene los 300 duros para redimirse».

El resultado fue un extraño ejército formado casi exclusivamente por hijos de las clases bajas, la paradoja de grupos no nacionalizados obligados a alimentar con su sangre el esfuerzo bélico mientras los nacionalizados eludían sus obligaciones. Como escribió Clarín apenas seis meses después de iniciada la guerra:

> Las clases directoras no vamos a la guerra; los que tenemos carteras, direcciones, patria potestad nacional, más o menos vitalicia; los que guiamos la opinión desde la prensa, desde la tribuna, desde el café, desde el teatro, desde... la cama, no vamos a la

guerra [...]. No vamos, no, como diría Castelar, si dijera algo, a la guerra, los sabios, los políticos, los que hacemos opinión. [*Madrid Cómico*, 11 de julio de 1896.]

Incluso los batallones de voluntarios se nutrieron también de manera casi exclusiva de las clases bajas. Los motivos del alistamiento raramente fueron patrióticos sino económicos, al menos en el caso de los voluntarios de la península. A cambio del compromiso de servir en Cuba mientras durase la guerra y seis meses después de acabada ésta, se les pagaban 250 pesetas por enganche, 50 en el acto y 200 el día previo a subir al tren para embarcarse, y 250 por cada año de servicio en Cuba, además de 75 céntimos diarios y ración de pan desde que se alistaban hasta embarcar; unas cifras sin duda atractivas según para qué grupos sociales, o al menos eso debía de pensar el Gobierno, dado que eran estos beneficios económicos y no el patriotismo sobre los que las convocatorias llamaban de manera general la atención.

Las protestas por este sistema de reclutamiento se recrudecían, obviamente, en épocas de guerra. Ya en 1896 hubo manifestaciones en distintas ciudades españolas (Zaragoza, Barcelona, Valencia, Madrid, Alicante, etc.), todas centradas en la oposición a la guerra pero, sobre todo, al envío de soldados a Cuba y al sistema de reclutamiento. Las madres que se manifestaron en la de Zaragoza el 1 de agosto de 1896, por ejemplo, llevaban una pancarta en la que podía leerse «Viva España. No vayan más tropas a Cuba. ¡Que vayan ricos y pobres!», una en apariencia contradictoria sucesión de reclamos pero con una lógica clara: nadie quería ser acusado de antipatriota. Según los testimonios, las madres participantes fueron a pesar de todo insultadas —de ahí el «Viva España»—, pero, en el caso de que no hubiese más remedio que fueran todos, que no sólo se enviase a los hijos de quienes no podían pagar para no ir.

El 24 de septiembre de 1897, *El Socialista* publicó un artículo, «¡Asesinos!», en el que se denunciaban las deplorables condiciones en las que se estaba trasladando a los soldados a Cuba. Tendría continuación en otro, ya con el título que se convertiría en lema de las movilizaciones, «O todos, o ninguno», publicado en el mismo periódico el 15 de octubre. El lema debía de estar en el ambiente, puesto que Blasco Ibáñez ya había utilizado una expresión parecida el 5 de septiembre de 1896 como título de uno de sus artículos en *El Pueblo* de Valencia, «¡Que vayan todos: pobres y ricos!».

La campaña promovida por el PSOE lograría movilizar, según el propio partido, «más de cien mil trabajadores» —una cifra posiblemente inflada pero espectacular, sobre todo si se compara con el número de votantes socialistas, catorce mil en 1896 y veinte mil en 1898—, aunque fuera de los círculos obreros y algunos sectores del republicanismo el argumento de la injusticia del reclutamiento parece que no tuvo demasiado éxito. Los grandes periódicos, tanto madrileños como de provincias, tendieron a minusvalorar, cuando no directamente a ignorar, tanto las manifestaciones contra el sistema de quintas como las protestas organizadas en varias ciudades del país en el momento de la partida de soldados para Cuba. Hubo una especie de divorcio entre la España oficial, la reflejada en los grandes medios de comunicación, y la España real, la reflejada por los datos de las manifestaciones en contra del sistema de quintas.

En el caso de la oposición socialista a la guerra, no se debe olvidar que una cosa eran los aspectos coyunturales utilizados como elementos de movilización, como el sistema de quintas, y otra, el rechazo al sistema colonial. Ello explicaría que incluso después de que Estados Unidos declarara la guerra los socialistas, a diferencia de algunos republicanos como Blasco Ibáñez, siguieran oponiéndose a ella, una postura perfectamente ejemplificada en el artículo publicado por Pablo Iglesias en *El Socialista* el 22 de mayo de 1898, en el que atribuye el origen de la guerra a «los falsos patriotas» que utilizaron Cuba como sólo «un simple mercado para unos cuantos capitalistas». Sin ellos, sin la explotación colonial a la que sometieron a los cubanos y sin la opresión política a la que había sido sometida la isla, que nunca había sido tratada como «un pedazo de España», la guerra sencillamente nunca habría existido.

Menor relevancia tienen los posicionamientos de los anarquistas, de gran influencia posterior pero que en el momento de la guerra de Cuba pasaban por una gran debilidad interna. A pesar de haber iniciado su presencia en la vida española muy pronto y con gran fuerza —la Federación Regional Española de la Internacional había sido fundada en Barcelona en 1870—, su desaparición en 1888, los debates entre anarcocolectivistas y anarcocomunistas y la dura represión del Estado, intensificada a partir del asesinato de Cánovas del Castillo por un anarquista italiano y culminada con el Proceso de Montjuic, hicieron que al estallar la guerra de Cuba sus capacidades de actuación fuesen bastante limitadas. Además, el que iba a ser el gran sindicato anarquista de las primeras décadas del siglo XX, la Confederación Nacional del Trabajo (CNT), no sería fundado hasta 1910, lo cual contrasta con el socialista, la Unión General de Trabajadores (UGT), que había sido fundado en 1888. A pesar de su menor peso en la oposición a la guerra, sus posicionamientos tienen el interés de que, a diferencia de los socialistas, estuvieron mucho más presentes también en Cuba, en muchos casos a través de anarquistas españoles huidos de la represión en la península, por lo que su postura a favor de la independencia, siempre dentro de su internacionalismo, fuera mucho más clara.

LOS DEFENSORES DE LA GUERRA

Los socialistas y los republicanos federalistas son, como ya se ha dicho, una clara excepción. La mayoría de los líderes políticos e intelectuales de la época mostraron un apoyo sin fisuras al Gobierno en su voluntad de defender la pertenencia de Cuba a España, cristalizada en el «hasta el último hombre y hasta la última peseta», una expresión popularizada por Cánovas del Castillo durante un debate parlamentario en 1891, pero que, muestra del consenso existente en torno a ella, había sido ya utilizada por liberales como Manuel Becerra y Víctor Balaguer, ministros durante el Sexenio Democrático, y fue retomada por el mismo jefe del Partido Liberal, Práxedes Mateo Sagasta, en 1895.

En dichas posturas belicistas los políticos de la Restauración contarán con el apoyo incondicional incluso de los carlistas, sus en principio enemigos más acérrimos, más aún que los republicanos en la medida en que representaban una alternativa radical a los principios liberales básicos que conformaban el sustrato último de liberales y republicanos. El pretendiente don Carlos proclamó desde el exilio lo que él denominó «un silencio patriótico»; en esencia, que aunque el régimen de la Restauración se fundaba en la usurpación, la defensa de Cuba estaba por encima de las divisiones de partido, por lo que no iba a atacar al Gobierno mientras la guerra durase, algo que los medios de expresión carlistas, aunque en general mucho más agresivos con un Gobierno al que consideraban ilegítimo, defendieron hasta el final. España debía gastar hasta el último hombre y la última peseta en la defensa de un territorio que era parte de la nación.

La opinión de los líderes políticos e intelectuales reflejaba y retroalimentaba la de unas clases altas y medias también claramente favorables a la defensa de la soberanía española sobre la isla. El apoyo a las políticas del Gobierno se reflejaba no sólo en palabras, sino también en hechos, como muestra la respuesta al empréstito emitido en 1896 para financiar la guerra, rápidamente cubierto, por los grandes inversores pero también mediante la compra de obligaciones por parte de las clases medias, al margen de que fuese un negocio más que razonable.

Mención especial merecen las múltiples corridas patrióticas organizadas para recaudar fondos para la guerra, no tanto por las cantidades recaudadas, irrelevantes respecto al total de recursos movilizados, como por su papel de galvanizadoras de la opinión pública y reflejo de un patriotismo extendido mucho más allá de las clases altas y medias. Las corridas de toros se habían convertido a finales del siglo XIX en uno de los entretenimientos predilectos de los españoles, un espectáculo popular que fue utilizado como elemento de movilización patriótica mucho más que como reflejo del desinterés de los españoles por la guerra. La tantas veces repetida imagen de un pueblo despreocupado que al otro día de la derrota llena la plaza de Las Ventas es sólo un mito. Ni siquiera es cierto en el caso que aparentemente le dio origen, la corrida de toros celebrada en Madrid el 3 de mayo de 1898, un día después de que se tuviera noticia de la derrota de Cavite, que, en realidad, si no se suspendió fue por instrucciones del Gobierno, temeroso de posibles incidentes, y a la que, según las informaciones de la época, apenas asistió público.

El mito de la población asistiendo despreocupada a fiestas y diversiones es desmentido de forma contundente por la suspensión, o la celebración únicamente de las ceremonias de culto, ese verano del 98 de las fiestas patronales en muchos pueblos y ciudades. En el caso concreto de las corridas de toros, lo relevante sería justo lo contrario: el continuo uso patriótico que se hizo de ellas desde 1895 hasta 1898, con decenas organizadas por las más diversas instituciones y todas con una clara voluntad de movilización patriótica, desde las habituales interpretaciones de la «Marcha de Cádiz» hasta los encendidos brindis de los toreros. Con un «¡Que todo el dinero recaudado en esta corrida se gaste en dinamita para romper en mil pedazos aquel país de aventureros llamado Estados Unidos!» brindó, por ejemplo, su primer toro Luis Mazzantini en la organizada por la Diputación de Madrid el 12 de mayo de 1898.

Ese patriotismo popular tuvo uno de sus grandes momentos con la declaración de guerra a Estados Unidos. La noche del 20 de abril de 1898 miles de madrileños se echaron a la calle mostrando su entusiasmo por que Estados Unidos hubiera declarado finalmente la guerra.

EL AMARGO DESPERTAR DE LA DERROTA

Una vez consumada la derrota el sentimiento de humillación fue generalizado; también las protestas contra un sistema político, el nacido de la Restauración de 1874, que había llevado al país a un callejón sin salida, con enormes costes humanos y económicos. La derrota fue todavía más cruel porque, contra todas las evidencias, la opinión pública, jaleada por una prensa patriotera e irresponsable, estaba convencida de la victoria española sin que ninguno de los líderes políticos se atreviese a proclamar algo que todos sabían: que no había ninguna posibilidad de ganar la guerra.

El «hasta el último hombre y la última peseta» de Cánovas del Castillo adquirió un nuevo y macabro sentido con la llegada de miles de soldados derrotados, muchos de ellos enfermos y heridos, a los puertos españoles. Se repatrió a un total de 190.524, si se suman los de la repatriación intermedia, los regresados a la península en el transcurso de la guerra y los retornados después de la derrota de Santiago de Cuba. Llegaban, además, en unas condiciones deplorables.

Las quejas por las malas condiciones en las que estaban llegando los soldados repatriados, consumidos por el vómito y la fiebre amarilla y cubiertos de harapos, eran anteriores a la derrota pero se multiplicarían una vez producida ésta, con el regreso de miles de soldados en condiciones necesariamente todavía más precarias que las que se habían dado durante la guerra. Aunque los estudios más recientes han demostrado que el retorno de los soldados, habida cuenta de que se trató de una de las mayores repatriaciones militares de la historia —en el caso de Filipinas desde el otro extremo del mundo, si bien tampoco desde muy cerca en el de Cuba—, no fue ni tan caótico ni tan mortífero, la imagen construida por la prensa fue dantesca y es la que ha pervivido en la memoria colectiva española.

Las quejas de los periódicos eran continuas, por el estado en el que regresaban los soldados, «casi convertidos en esqueletos vivientes»; por la situación de desamparo en la que habían quedado sus familias («mujeres cuyos hijos, único sostén suyo, están indebidamente sirviendo en ultramar, mujeres cuyos maridos fuéronse voluntarios a campaña dejando su haber o el premio de enganche como solo medio de que pudieran vivir los hijos de su alma»), y, en última instancia, por la falta de respuesta del Gobierno («no se ha hecho todavía todo lo que hace falta en pro de las víctimas de la guerra [...] hay pobres mujeres cuyos hijos murieron en Cuba y ni siquiera se les ha socorrido»). Son todas citas del mismo periódico, *La Unión Mercantil* de Málaga, pero el tono es parecido en todos los del país. Es posible que la intensidad fuera mayor en los de las ciudades portuarias elegidas para el desembarco de los repatriados (además de Málaga, Cádiz, Barcelona, La Coruña, Santander y Valencia), pero el tono no fue muy distinto en los de las ciudades del interior. «¡La pluma se resiste a describir el lamentable estado en que estos desgraciados vienen, no sólo por su mal estado de salud, sino por la desnudez en la que se nos presentan, que más parecen proceder de una tribu salvaje que del ejército regular de una nación civilizada!» (*La Rioja*, 2 de septiembre de 1898).

También en el Parlamento las quejas y protestas por la negligencia e improvisación del Gobierno fueron continuas. Una de las que tuvo mayor impacto fue la del diputado republicano Vicente Blasco Ibáñez el 6 de septiembre de 1898:

> Es realmente bochornoso y contrista el ánimo con impresión dolorosa el espectáculo que estamos ofreciendo a Europa con el regreso de los soldados repatriados [...]. Nosotros no cometeremos la injusticia de exigir responsabilidades o de acusar al Gobierno por la mortalidad de los repatriados en cuanto es consecuencia de los rigores del clima y de las penalidades de la campaña, pero sí podemos acusarle de imprevisión, de descuido, de olvido de los soldados. ¡Ah, señores ministros! Bien se conoce que la carne de pobre va barata y os importa poco que mueran esos soldados.

Los lamentos por el país sin pulso, incapaz de ganar la guerra y de repatriar dignamente a sus soldados, serán constantes en la literatura del Desastre. Sin embargo, sería necesario matizar esa percepción si consideramos que entre 1895 y 1898 el Gobierno español había logrado desplazar a Cuba unos 220.000 hombres, el mayor contingente de tropas movilizado hasta ese momento en una guerra colonial por ninguno de los países europeos. Otro asunto era la calidad de los soldados de ese ejército: estaban mal alimentados —la variedad y las proteínas brillaban por su ausencia en el rancho diario, reducido de manera habitual a tocino, arroz o garbanzos, sal, vino, aguardiente, café y galletas—; mal uniformados —el calzado habitual eran alpargatas con suela de esparto, no precisamente el más idóneo para moverse por la manigua cubana—; y convencidos de que a la guerra sólo iban los pobres.

Aun así, es posible que ni siquiera fuesen éstas las verdaderas causas de la derrota. Como descubrirían después otras potencias, las guerras coloniales, contra un enemigo en continuo movimiento, que utiliza tácticas de guerrilla, que vive sobre el terreno, que renuncia a la defensa del territorio y que cuenta con el apoyo de la población civil, se vuelven casi imposibles de ganar, en Cuba lo mismo que en Argelia o Vietnam. Era un nuevo tipo de guerra que, por otra parte, algunos militares españoles ya venían teorizando desde años atrás, caso del comandante José Ignacio Chacón, quien en un libro titulado *Guerras irregulares*, publicado en 1883, alertaba sobre las dificultades que para un ejército regular supone el enfrentamiento con poblaciones cuyo «sentimiento de la independencia es tal, que hará de cada combatiente un terrible guerrillero, de cada sumiso un espía y un enemigo de cada habitante del país». Casi parece que estaba describiendo la posterior guerra cubana.

Resultaba aún más difícil de ganar si a lo anterior se añade un territorio inhóspito para los europeos, con las muertes por fiebre amarilla, paludismo o disentería superando ampliamente a las debidas a los machetes o las balas de los cubanos. El enemigo era más el trópico que los rebeldes, opinión compartida por los mandos militares españoles y por los cubanos. Valeriano Weyler, capitán general de Cuba durante casi la mitad de la guerra, hace en sus memorias continuas alusiones al problema que las enfermedades le supusieron para el desarrollo de las operaciones militares, mientras que a Máximo Gómez, uno de los principales jefes militares de los rebeldes, se le atribuye el comentario de que sus mejores generales se llamaban Junio, Julio y Agosto, la temporada de lluvias en el Caribe, que, con la proliferación de mosquitos, facilitaba la transmisión de muchas de estas enfermedades.

Como broche final, el enfrentamiento con una potencia cuyo poder militar era muy superior al español. Cabe discutir si, sin la intervención de Estados Unidos, España podría haber ganado la guerra; si, por el contrario, eran los rebeldes quienes la estaban ganando, o si ésta se había empantanado sin posibilidades de victoria para ninguna de las dos partes. De lo que no hay discusión posible es sobre el hecho de que, una vez que Estados Unidos declarase la guerra, su victoria era inevitable. La única posibilidad de evitar la derrota habría sido eludir el enfrentamiento militar con los norteamericanos, algo que el Gobierno español, consciente de que estaba perdido de antemano, intentó por todos los medios, a excepción de los dos únicos que podrían haber tenido éxito: la venta de Cuba a Estados Unidos o la negociación con los rebeldes para el reconocimiento de la independencia.

Ambos eran imposibles de asumir para una opinión pública convencida de que la isla era parte de España, y más aún si a ello añadimos las presiones en contra de la «pérdida de Cuba» de un poderoso *lobby* hispanocubano, en el que figuraban algunas de las mayores fortunas de la Restauración: Antonio López y López de Lamadrid, marqués de Comillas; Ramón Pelayo de la Torriente, marqués de Valdecilla; Juan Manuel Manzanedo, conde de Manzanedo y duque de Santoña —a finales del siglo XIX uno de los mayores contribuyentes de Madrid y con una fortuna inmobiliaria superior a la de familias tradicionales como los duques de Alba o los de Medinaceli—, o Ramón Argüelles Alonso, marqués de Argüelles, todos ellos con el común denominador de tener en Cuba el origen de su riqueza y de seguir manteniendo intereses a uno y otro lado del Atlántico.

A su capacidad de presión económica, el *lobby* hispanocubano, o cubanohispano, sumará la política. La interferencia de sus miembros en las decisiones de los capitanes generales va a ser continua, y a ella añadirán también una gran capacidad de influencia en la política nacional, con varios de ellos con escaño en el Senado. Es el caso, destacado pero no único, de Julián Zulueta, marqués de Álava, al igual que los anteriores dueño de una gran fortuna —llegó a poseer 1.280 esclavos— amasada también en Cuba, quien a la condición de senador del Reino unió el matrimonio de su hija, Josefa Zulueta y Samá, con Francisco Romero Robledo, mano derecha de Cánovas del Castillo y uno de los políticos más influyentes de finales del siglo XIX, para quien la continuidad de la presencia española en Cuba era literalmente un asunto de familia. Algo parecido cabe decir del ya citado marqués de Comillas, también senador, también con fluidas relaciones con la élite política y también con intereses directos en Cuba, en su caso no sólo por el origen de la fortuna sino porque una de sus principales empresas, la Compañía Trasatlántica Española, dependía en gran parte de las concesiones del Gobierno para el transporte entre la península y las provincias de ultramar.

El problema no era la falta de pulso de España, sino, en un primer momento, las dificultades de una conflagración en la que los rebeldes utilizaron la estrategia que se volvería habitual en todas las guerras anticoloniales del siglo XX (evitar los enfrentamientos directos, realizar ataques por sorpresa, desperdigar los efectivos, involucrar a la población civil en la guerra, destruir cultivos, etc.), que, como esas mismas guerras demostrarían, eran muy difíciles de ganar; en un segundo momento, la superioridad militar, económica y demográfica de un Estados Unidos que, como demostraría su decisiva intervención unos pocos años después en la Primera Guerra Mundial, era ya una de las grandes potencias del planeta, y no el Estado sin capacidad militar ni voluntad de potencia, «los tocineros de Chicago», que se empeñó en dibujar la bravuconería de la prensa española. Dicha superioridad se vio acrecentada porque la guerra tuvo lugar prácticamente a las puertas de Estados Unidos y a más de diez mil kilómetros de las costas españolas (esto en el caso de Cuba, porque en el de Filipinas para España la guerra tuvo lugar literalmente en el otro extremo del planeta, mientras que para Estados Unidos sólo al otro lado de un océano que formaba parte de su área de expansión natural).

No obstante, como ya se ha dicho el Desastre no lo fue tanto por la derrota como por las consecuencias que trajo consigo, entre ellas una especie de desencanto generalizado, origen de la tan debatida como polémica generación del 98. Sobre ella mucho se ha discutido y mucho habría que discutir, no sobre si existió o no —un asunto en última instancia de erudición literaria—, sino acerca de sus consecuencias sobre la vida española posterior, al margen obviamente de la indudable calidad literaria de muchos de sus miembros.

La negativa visión acerca del país y su historia de la que harán gala muchos de sus miembros y, sobre todo, sus llamadas a una especie de fundamentalismo hispánico, llenas de tópicos y retórica, van a proyectar su alargada, y no necesariamente benéfica, sombra sobre buena parte del siglo xx. Como escribía José María Ridao a las puertas del centenario del 98:

> Lo que tampoco se debería afirmar en modo alguno, y se ha afirmado sin embargo durante un siglo, es que el 98 ha dado respuesta al problema de España. Antes al contrario, los escritores del 98 han contribuido como pocos a darle forma, a crearlo. Porque, en definitiva, querer encontrar un espacio común para todos los españoles partiendo de una España alejada de la ciencia, esencialmente cristiana e identificada con Castilla, es algo más que una intrascendente fantasía o desvarío inocuo de poetas. Es convocar con fecha y hora precisa a todos los fantasmas. [*El País*, 28 de diciembre de 1997.]

Son afirmaciones de gran dureza pero con un indudable fondo de verdad. La brillantez literaria de la generación del 98 ha opacado durante mucho tiempo la simplificación, grandilocuencia y pobreza de muchos de sus análisis y propuestas. Ni siquiera su idea de decadencia tiene nada de original, sino que se limita a retomar una vieja y retórica construcción del liberalismo decimonónico español, marcado desde sus orígenes gaditanos por una fuerte pulsión histórico-castellanista, extendida por el Desastre a grupos mucho más amplios que los de la generación del 98, incluidos aquellos con una visión no tan negativa de la historia de la nación.

Y esto nos lleva al problema del regeneracionismo, un fenómeno al menos igual de complejo que la generación del 98 y de parecidos efectos sobre la posterior evolución de la sociedad española. Se trata de un movimiento intelectual que hunde sus raíces en las últimas décadas del siglo XIX y que, en sentido estricto, es tan hijo del desencanto con la Restauración como de la derrota cubana. Es asimismo heredero en gran parte de la simplificada visión histórica del liberalismo decimonónico y su afirmación, presente siempre de una u otra manera en él, de que el destino de la nación se había jugado, y perdido, en Villalar, con la victoria de las tropas del emperador Carlos y la llegada de los Habsburgo al trono español, cuyo despotismo teocrático habría yugulado el dinamismo del pueblo español.

Éste es ya el argumento de uno de los regeneracionistas de primera hora, Manuel Pedregal y Cañedo, en su libro *Estudios sobre el engrandecimiento y decadencia de España*, publicado en Madrid veinte años antes del Desastre, en 1878. Pero es también el que está detrás de las grandes obras del regeneracionismo post-98, casos de *Oligarquía y caciquismo como la forma actual de gobierno en España* (1902), de Joaquín Costa, y *El problema nacional. Hechos. Causas. Remedios* (1899), de Ricardo Macías Picavea, el primero con su recurso a los cuatro siglos de decadencia, cuyo desenlace lógico era la decadencia experimentada a la sazón, y el segundo con la recuperación de la tesis liberal de la derrota de Villalar y el triunfo del cesarismo absolutista como origen del caciquismo y el militarismo.

A esta herencia se añade en algunos casos, por ejemplo en el de Lucas Mallada y su obra *Los males de la patria y la futura revolución española* (1890), la preocupación por el problema del carácter nacional, otra obsesión típicamente decimonónica —en realidad, al menos en el caso de Mallada, más que el carácter nacional «los defectos del carácter nacional»—, algo que diez años después repetirá, con mayor impacto, Joaquín

Costa, para quien la solución, algo que siempre se recuerda, es despensa y escuela, pero el problema, algo que generalmente se olvida, es el de una raza «atrasada», «presuntuosa», «perezosa», «improvisadora», «vanilocua»... (los adjetivos son del propio Costa).

Se trata de un tipo de literatura que a veces recuerda al arbitrismo del siglo XVII y a la que el Desastre dará la visibilidad pública de la que hasta ese momento había carecido. Nada refleja mejor su conversión en fenómeno político y social que la recepción de una de sus obras más representativas, *Oligarquía y caciquismo*, de Joaquín Costa, un apasionado análisis de los males que afligían al país y sus remedios, de cuyo impacto público es un excelente ejemplo la acogida que tuvo su presentación en el Ateneo de Madrid (consistente en un largo resumen, iniciado la noche del 14 de junio de 1901 y continuado al día siguiente). Una vez concluida la presentación, el autor fue acompañado, entre mueras a la oligarquía, al caciquismo y a los políticos profesionales, desde las puertas del Ateneo hasta las de su casa en la calle Barquillo, donde, ante la negativa de los manifestantes a disolverse, se sintió obligado a salir al balcón e improvisar un breve discurso llamando a la necesidad de una revolución desde arriba si se quería evitar una desde abajo, en medio del caos y el desorden.

Aunque no formaban parte del regeneracionismo propiamente dicho, deben incluirse también en él todas las propuestas que, en su intento de buscar una explicación a la derrota, plantearon reformas capaces de subsanar los errores que habían llevado a ella. Es el caso de todos aquellos que, lejos de las grandes elucubraciones históricas y sociopolíticas, atribuyeron la derrota al atraso científico del país. Ya el 23 de junio de 1899 Eduardo Vincenti afirmó, en una intervención en las Cortes, que las causas del Desastre no había que buscarlas en supuestas inferioridades raciales o de evolución histórica, sino en algo mucho más real y concreto, el atraso de la técnica y la ciencia española frente a la norteamericana; el pueblo estadounidense nos habría vencido porque era «más instruido, más educado [...]. Se nos ha vencido en el laboratorio y en las oficinas». Diez años más tarde, en 1909, el catedrático de Química Biológica de la Universidad Central de Madrid, José Rodríguez Carracido, en un discurso en la Academia de Ciencia, irá todavía más lejos y, atribuyéndole la frase a «alguien», afirmará que «nuestra derrota era inevitable, por ser los Estados Unidos el pueblo de la física y la química, y España el de la retórica y poética».

Eran quejas y protestas que adolecían en el fondo del mismo carácter retórico de los que buscaban el origen de la derrota en la llegada de los Habsburgo al trono de Madrid. El atraso tecnológico y científico español no era tanto un problema político como de desarrollo económico. Fue el desarrollo industrial el que impuso en los países más avanzados cambios en su sistema educativo, algo que la incipiente revolución industrial española nunca estuvo en condiciones de hacer, o sólo lo estuvo ya bien entrado el siglo xx.

Sin embargo, esas limitaciones no impidieron el desarrollo, en el campo educativo y en el de la investigación, de reformas relevantes. En 1900, dos años después del Desastre, se crea el Ministerio de Instrucción Publica, algunas de cuyas medidas, como el pago de los sueldos de los maestros por parte del Estado y no de los ayuntamientos, tuvieron un efecto inmediato sobre la mejora tanto de las condiciones materiales del cuerpo docente como de su papel en el proyecto modernizador. Algo parecido se podría decir de las remodelaciones, también impulsadas desde el ministerio, de los planes de estudio de las carreras universitarias o de las mejoras introducidas en la universidad para facilitar su conversión en centros de investigación y no sólo de formación de funcionarios.

Mención aparte merece la creación, en 1907, de la Junta para Ampliación de Estudios e Investigaciones Científicas, un viejo proyecto de la Institución Libre de Enseñanza, que las ansias regeneracionistas posteriores al Desastre convertirían en realidad. Nacida con el objetivo de gestionar la concesión de becas de estudio, tanto nacionales como internacionales, los intercambios con instituciones académicas y científicas extranjeras y los laboratorios de investigación, tanto los ya existentes (Museo de Ciencias Naturales, Jardín Botánico...) como los de nueva creación (Instituto Nacional de Física y Química), desempeñó un importante papel en el renacimiento científico español anterior al estallido de la Guerra Civil.

LA PRENSA Y EL 98

El papel de la prensa, tanto del lado español como del norteamericano, fue central en el conflicto cubano. Tuvo lugar una auténtica guerra de papel que sirvió para movilizar, propagar los puntos de vista de los gobiernos, favorecer determinadas políticas y obstaculizar otras, construir imágenes y estereotipos sobre el enemigo, etc. Una vez consumada la derrota, la prensa estadounidense tendió a desinteresarse del tema. No así la española, en la que los debates y polémicas sobre sus causas y consecuencias para el futuro de la nación siguieron estando presentes, con la palabra «responsabilidad» convertida en una de las estrellas del debate público: responsabilidad por la derrota, responsabilidad por la mala administración de los fondos públicos, responsabilidad de los políticos, responsabilidad de los militares...

Si, como ya se ha dicho, el 98 fue sobre todo, desde la perspectiva española, un estado de opinión, analizar la prensa deviene algo imprescindible para entender cómo se gestó y evolucionó dicho estado. La española de finales del siglo XIX era una sociedad moderna en la que, como en todas las contemporáneas del ámbito occidental, la opinión pública se expresaba y se construía por, en y desde los numerosos periódicos y revistas, de ámbito tanto local como nacional.

Una prensa, la española de la época del Desastre, que no era ya la tradicional de opinión hegemónica durante la mayor parte del siglo XIX. Los primeros años de la década de los ochenta, aunque sus orígenes podrían remontarse a los inicios de la Restauración, habían sido testigo del nacimiento de un nuevo tipo de periódicos, los autodenominados independientes, no financiados, o al menos no de manera exclusiva, por líderes o partidos políticos, sino por suscriptores y anuncios publicitarios. Eran empresas periodísticas cuya supervivencia dependía cada vez más de las ventas y la publicidad. Se trataba de una prensa se podría decir que de masas, que no era todavía la norteamericana, francesa o inglesa, con grandes tiradas y financiada de manera casi exclusiva por la venta callejera y la publicidad, pero que empezaba a desplazar a la hegemónica hasta ese momento, vinculada a partidos políticos o personajes influyentes, y que desempeñaba un papel importante en la configuración de la opinión pública, igual de relevante que el de la gran prensa de masas de los otros países a los que se acaba de hacer referencia.

Ya desde el momento mismo de la humillante derrota frente a Estados Unidos, comenzó a difundirse la idea de que los periódicos habían sido los principales responsables del Desastre. El vacuo patrioterismo del que habían hecho gala y el menosprecio de la capacidad militar de los norteamericanos habrían creado un estado de opinión favorable a una guerra que se creía ganada y que los líderes políticos, sabedores de la inferioridad militar española, nunca habrían querido librar, pero a la que se habrían visto obligados a ir por el belicismo de la opinión pública.

Para comprender que era una guerra perdida de antemano no se necesitaba una particular clarividencia; se trataba de enfrentarse a un país más grande, más rico, más desarrollado tecnológicamente, con una población casi cinco veces superior y, por si lo anterior no fuese suficiente, en un territorio situado a unas pocas decenas de kilómetros de las costas norteamericanas y a casi ocho mil de las españolas. La decisión de ir a la guerra, por tanto, carecía en apariencia de cualquier tipo de lógica, por lo que la conclusión más obvia fue culpar a la prensa, responsable principal de un estado de opinión al que los políticos no habrían podido, sabido o querido enfrentarse.

Al producirse la derrota, dicha interpretación pareció muy evidente, incluida la disminución de la venta de periódicos, algo que podría interpretarse como un castigo a su responsabilidad, pero que los análisis históricos posteriores han descartado en gran parte o al menos matizado. La menor tirada de los periódicos pudo tener más que ver con el hecho de que, una vez acabada la guerra, la ansiedad por leer noticias sobre lo que estaba ocurriendo disminuyó, y la decisión de las élites políticas de ir a la guerra con Estados Unidos pudo estar más motivada por la conclusión de que, para la supervivencia del régimen, era menos peligrosa una derrota frente a un enemigo exterior que una ante los independentistas cubanos o que la entrega sin lucha de la isla. Es lo que al parecer le transmitió el a la sazón presidente del Consejo de

Ministros, Cánovas del Castillo, al embajador francés en Madrid: «La monarquía española no resistiría una cesión de territorio».

No parece demasiado descabellado pensar que en realidad el belicismo de la prensa pudo haber sido instrumentalizado por unas élites políticas atemorizadas ante la posibilidad de que la pérdida de las colonias tuviera como consecuencia el fin de la Restauración. Una derrota quirúrgica, rápida y sin paliativos, que era lo esperable de un enfrentamiento militar con Estados Unidos, desactivaría muchos de estos riesgos, como efectivamente ocurrió. Es posible que la guerra no fuera el resultado de una locura colectiva, atizada por la irresponsabilidad de la prensa, sino de una decisión política racional por parte de un Gobierno que, equivocadamente o no, llegó a la conclusión de que la única forma de sobrevivir a la catástrofe era la derrota militar.

Los posicionamientos de la prensa no fueron, además, tan irresponsablemente belicistas como la historiografía ha asumido durante mucho tiempo. Un análisis pormenorizado de lo que los periódicos publicaron entre 1895 y 1898 revela muchos más matices. En el momento del Grito de Baire fue unánimemente belicista contra los rebeldes cubanos, representados siempre en la prensa satírica como negros salvajes, crueles, sanguinarios y desprovistos de cualquier tipo de civilización, una especie de hidra ponzoñosa que era necesario descabezar. Así fueron representados en septiembre de 1896, por ejemplo, en la portada de la revista satírica barcelonesa *La Campana de Gracia*, con Martínez Campos enfrentándose a la hidra del separatismo; el título general era «La hidra cubana», de cuyas siete cabezas cinco eran negras. También desde muy pronto, este mismo tipo de prensa satírica comenzó a propagar la imagen de los yanquis como cerdos.

La españolidad de la isla no se discutía y parece que la unanimidad respecto a una rápida derrota de los rebeldes era absoluta. Los periódicos ni siquiera les daban el calificativo de «rebeldes» sino de «bandidos» —se veía como un problema de orden público y no político—, imagen que fue cambiando a medida que avanzaba la guerra. La victoria no estaba resultando tan fácil ni tan rápida, y los rebeldes, aunque seguían conservando sus atributos de bandidos, empezaron a ser presentados de manera cada vez más frecuente como negros al servicio de Estados Unidos, una visión paternalista que reflejaba una mirada fuertemente racializada y colonialista. Los rebeldes cubanos eran negros ingenuos utilizados por Estados Unidos, que era en el fondo el verdadero enemigo y frente al que se exigía una política de firmeza, con el argumento, a todas luces falso, de que el poder militar de este país tampoco era tan temible como parecía («no son, ni con cien leguas, una gran potencia terrestre ni marítima […] no teniendo ejército que pueda amedrentarnos, ni escuadra que supere en gran cosa a la nuestra»; *El Norte de Castilla*, 22 de octubre de 1895). Es un tipo de patrioterismo pueril que bien pudo responder al sentimiento de que la guerra era inevitable, de que Estados Unidos no estaba dispuesto a dejar otra salida que la entrega de la isla o el enfrentamiento militar y de que las medidas apaciguadoras del Gobierno de Silvela de nada servirían. Estados Unidos estaba dispuesto a anexionarse la isla, y el único lenguaje que podía entender era el de la guerra.

Ello explicaría que, sólo cuando el enfrentamiento entre España y Estados Unidos pareció ya a todas luces imposible de evitar a raíz de la voladura del *Maine*, esa retórica patriotera y triunfalista de la que tantas veces se ha acusado a la prensa se volviese claramente hegemónica. No fue, sin embargo, la única. Todavía el 3 de marzo de 1898, cuando la guerra con Estados Unidos parecía ya inevitable, *El Heraldo de Madrid*, uno de los periódicos importantes de la prensa nacional, reconocía sin ambages la absoluta superioridad naval norteamericana, lo que en una guerra en territorios separados de España por casi ocho mil kilómetros de mar era lo mismo que proclamar la inevitabilidad de la derrota: «No por el gusto de descubrir y lamentar nuestra inferioridad [...] establecemos una comparación entre la rapidez de las construcciones navales yankees y la lentitud de las nuestras [...]. Ningún secreto violamos al hacer esta confesión». Tampoco se podía ir mucho más lejos a las puertas de una guerra ya prácticamente declarada, pero tampoco se podía ser mucho más claro. Una vez iniciada la guerra el patrioterismo era ya inevitable, pero ahora sin ninguna consecuencia pues la suerte estaba echada.

Hasta ese momento, al margen de que esta retórica belicista fue en realidad bastante más moderada que la desplegada por la prensa sensacionalista norteamericana —con la diferencia, no menor, de que las posibilidades de victoria de Estados Unidos no eran sólo elucubraciones—, las posiciones de los periódicos españoles fueron bastante moderadas. El anuncio de la llegada del *Maine* a La Habana, a pesar del componente de provocación estadounidense que tenía, fue recibido por la prensa española con preocupación, pero sin demasiada algarabía patriotera. La postura oficial de que las relaciones entre ambos países seguían siendo amistosas fue asumida por los principales periódicos, que, de manera general, se limitaron a resaltar los riesgos que una visita de este tipo tenía en el contexto de enfrentamiento militar en la isla.

Ni siquiera una vez producida la explosión, y con la prensa norteamericana acusando casi de inmediato a España de haberla provocado, la respuesta de la española fue en un primer momento particularmente virulenta ni cargada de patrioterismo. Los principales periódicos se limitaron a defender el carácter accidental de la explosión, la versión oficial del Gobierno, y denunciar la voluntad de forzar una declaración de guerra por parte del Gobierno estadounidense que las denuncias de la prensa norteamericana tenían. Sólo algunos periódicos ajenos al régimen de la Restauración, con una obvia voluntad deslegitimadora, adoptaron desde el primer momento una clara actitud belicosa, con llamadas más o menos directas a la declaración de guerra.

Esta actitud prudente derivó de manera bastante rápida hacia otra mucho más belicosa, en un primer momento es posible que sólo como reflejo de las agresivas campañas de la prensa norteamericana, que desde el principio promovió la declaración de guerra como única forma de vengar la voladura del *Maine*; después, porque la guerra comenzó a perfilarse como la única salida posible (la actitud del Gobierno estadounidense tampoco parecía dejar muchas más opciones). A partir de finales de febrero, los posicionamientos de la mayoría de la prensa se volvieron claramente favorables a la guerra, los de los grandes periódicos independientes (*El Imparcial, El Heraldo de Madrid, La Correspondencia de España*…), pero también los de los periódicos de partido —liberales (*El Correo, El Globo*…), conservadores (*La Época, El Tiempo*…), republicanos (*El País, El Progreso*…), carlistas (*El Correo Español*), etc.— y hasta los de los militares (*La Correspondencia Militar, El Ejército Español, El Correo Militar*…), se supone que mejor informados sobre lo que cabía esperar de un enfrentamiento entre ejércitos tan dispares.

Fue a partir de entonces cuando el patrioterismo de la prensa alcanzó cotas de auténtico delirio. Las continuas llamadas a la necesidad de que el Gobierno declarase la guerra a Estados Unidos se vieron acompañadas de análisis que mostraban una supuesta superioridad militar española, justificada en las glorias imperiales pasadas, lo que como argumento no parecía demasiado sólido, o en la falta de tradición militar estadounidense. Los hubo incluso más delirantes, caso de *El Imparcial*, al que, enfrentado a los datos de la incontestable superioridad militar y económica de Estados Unidos, no se le ocurrió otro mejor que una metáfora taurina: «Más fuerza material que la que poseen los Estados Unidos respecto de España, tiene un toro con relación a un hombre y, sin embargo, Mr. Woodford ha podido ver cómo al toro se le torea» (15 de marzo de 1898).

Son este tipo de afirmaciones —*El Imparcial* era un periódico serio e importante— las que han llevado a considerar que la prensa desempeñó un papel particularmente nocivo en el estallido del conflicto. No se debe obviar, sin embargo, que muchos de estos análisis delirantes, con una clara voluntad de mantener alta la moral de la población, fueron acompañados de continuas llamadas a la necesidad de una rápida y urgente modernización del ejército, incluida la compra de navíos capaces de competir con los norteamericanos, y a una posible negociación. Es el caso del mismo *El Imparcial*, cuyo director, Eduardo Gasset, era uno de los más activos defensores de la necesidad de modernizar la flota, exigencia en la que el periódico, al margen de sus metáforas taurinas, insistirá continuamente, una manera de reconocer la inferioridad militar española. También insistirá hasta el último momento en que se debían explorar todas las posibilidades de negociación antes de llegar a la guerra, hasta el punto de que verá oportunidades en ese sentido en el mensaje de McKinley al Congreso del 11 de abril de 1898, en la práctica, como ya se ha dicho, una declaración de guerra. Y no fue el único; otros periódicos, como *La Época*, *El Día* o *La Iberia*, expresaron opiniones parecidas.

Así pues, es posible que todo este discurso patriotero haya que entenderlo sólo como una forma de propaganda política, lo mismo que las continuas referencias a los yanquis como cerdos, viles mercaderes, imperialistas, un pueblo de bandidos, la escoria de la humanidad, etc. Este tipo de propaganda alcanzaría su mayor virtuosismo en las caricaturas de la prensa ilustrada, por ejemplo en una aparecida en la revista *Blanco y Negro*, con varias viñetas en las que se identifica a Estados Unidos como el país de los cerdos, con títulos, desarrollados en los dibujos, como «Ciudades principales: Marranápolis, Guarros-City, Cerdaville y otras por el estilo»; «Su unidad monetaria "el cerdo"»; «Su principal periódico *El Gruñido Nacional*»; «Tienen coches chiquitos tirados por marranitos», etc., responsables de un imaginario antinorteamericano de larga pervivencia en la sociedad española. Finalmente, en lo que los periódicos no se equivocaban era en que la decisión de Estados Unidos de imponer sus condiciones en Cuba estaba tomada de antemano y en que, salvo que España las aceptara, la guerra era inevitable.

Una vez declarada oficialmente la guerra, el 25 de abril de 1898, las proclamas altisonantes y patrioteras fueron inevitables, y ni siquiera la derrota de Cavite acabó con ellas. Era sólo una batalla, y lo mejor del ejército y la marina españoles todavía no se había enfrentado a los norteamericanos. Poco más de un mes más tarde, sin embargo, el periódico madrileño *El Globo* abogaba ya claramente por una paz negociada que pusiese fin a la guerra, «porque la prolongación es segura y fatalmente el sacrificio» (8 de junio), afirmación muy alejada de cualquier tipo de triunfalismo y que, aunque minoritaria, fue secundada por otros periódicos, como *La Época* y *El Tiempo*.

La derrota de Santiago de Cuba, obviamente, cambió todo el discurso anterior, y fueron ahora la mayoría de los periódicos los que reclamaron la necesidad de negociar la paz lo antes posible, incluidos aquellos que con mayor ahínco habían apoyado la guerra. Era el momento de la crítica y de la búsqueda de responsables, por lo que, en una situación de inestabilidad política extrema, el Gobierno dispuso, en virtud del Real Decreto de 14 de julio de 1898, la suspensión de las garantías constitucionales y la censura previa.

En la posterior caza de brujas en busca de responsables de la derrota, la prensa fue uno de los primeros chivos expiatorios, junto con los políticos y los militares. Es cierto que sus soflamas patrioteras crearon un estado de opinión que hizo extremadamente difícil gestionar un conflicto en gran parte inevitable. No lo es menos, sin embargo, que sus posicionamientos se correspondían en gran medida con los de la propia sociedad española y que la prensa, responsable de haber generado un estado de opinión favorable a la guerra, fue también víctima de una opinión pública predispuesta a creerse sus propias soflamas, por delirantes que fuesen. Era el peligroso encanto del autoengaño, al margen de los intereses políticos y económicos que cada periódico representaba.

4
EL DESASTRE DEL 98 Y LAS RELACIONES CON HISPANOAMÉRICA

La derrota del 98 afectó de forma directa a uno de los ejes de la vida política y cultural de España como Estado nación contemporáneo, el de sus relaciones con América. Por primera vez desde el nacimiento de la monarquía católica, de la que el Estado nación español, como ya se ha dicho, se convirtió en heredero y continuador, España dejaba de ser parte de América. Las implicaciones no eran sólo económicas, a pesar de todo quizá las menos importantes, sino también geopolíticas, culturales y hasta de ubicación en el mundo.

El papel de España en la vida política internacional del siglo XIX no fue el mismo visto desde el lado europeo que desde el americano. Mientras que desde el primero el Estado nación que se asumía como heredero y continuador de la antigua monarquía católica vio reducido su papel de potencia planetaria al de un país marginal de la Europa del Sur, objeto más que sujeto de la política internacional, desde el segundo este mismo Estado se vio obligado a desempeñar un papel de potencia regional, articulado en torno a la defensa de la isla de Cuba, centro de una región geopolítica, el Gran Caribe, en la que confluían y se enfrentaban los intereses de todas las potencias de la época, en primer lugar, y con mayor fuerza a medida que avanzaba el siglo, los de Estados Unidos, para los que constituía su frontera sur, pero también los de Francia y Reino Unido, que al rosario de posesiones insulares sumaban el interés por acrecentar su presencia en una región de alto valor geoestratégico, y los de los países ribereños con algún peso internacional: Venezuela, Colombia y, sobre todo, México.

Cuba fue durante la mayor parte del siglo XIX el centro de una especie de «gran juego» caribeño en el que a España no le quedó otra opción que participar, como protagonista y no como actor secundario dado el papel geoestratégico de una isla que a su condición de la mayor de las Antillas y —sin comparación posible— la de mayor riqueza económica unía la de centro del mundo caribeño y frontera entre la América anglosajona y la española. Un gran juego cuyas tensiones se agudizaron en las últimas décadas del siglo XIX, cuando Estados Unidos, que una vez concluida la guerra de Secesión afirmaba a pasos agigantados su papel de gran potencia, tuvo que enfrentarse a los intereses de las naciones europeas en la región: en 1894 tropas británicas desembarcaron en Nicaragua para reclamar la soberanía inglesa sobre la mayor parte de su costa caribeña, lo que en círculos políticos y militares estadounidenses fue interpretado como una muestra de la voluntad de Reino Unido de convertir el Caribe en un lago británico; la Compañía Francesa de Ferdinand de Lesseps inició los trabajos para la construcción de un canal en el istmo de Panamá, vital para la comunicación entre las costas norteamericanas; y Alemania, al igual que Estados Unidos también llegada tarde al reparto colonial, buscaba nuevas zonas de influencia en el Caribe y Centroamérica, como parte de su proyecto de construcción de un imperio colonial en el Pacífico, con el Caribe como escala obligada.

Era un escenario complejo en el que los sucesivos gobiernos españoles no se limitaron a intentar aprovecharse de los conflictos entre las principales potencias, que de manera general preferían una Cuba española a una estadounidense —aunque éste fue sin duda uno de los ejes de su política—, sino que buscaron también, con mayor o menor éxito, el apoyo de las repúblicas hispanoamericanas. Hasta finales de la década de 1860, presionaron a favor de la instauración de gobiernos conservadores, en general más favorables a los intereses españoles, política que llegaría a su punto álgido a mediados de siglo con la Unión Liberal y las intervenciones militares en México, República Dominicana y el Pacífico; a partir del Sexenio Democrático y durante la Restauración, buscaron el desarrollo de políticas y discursos panhispanistas, basados en la idea de la existencia de una raza española común a uno y otro lados del Atlántico, sustento de una comunidad de sangre y cultura, enfrentada a un Estados Unidos cuyo objetivo era la conquista y erradicación de la raza española a manos de la anglosajona. El objetivo era estrechar lazos con aquellas naciones con las que se compartían raza, lengua, historia y cultura, una especie de aliados naturales frente a la enemiga raza anglosajona.

Hasta al menos aproximadamente el último cuarto del siglo XIX, estas políticas tuvieron que enfrentarse a la división de las sociedades hispanoamericanas entre la hispanofobia y el panamericanismo liberal de un lado, y la hispanofilia y el panhispanismo conservador de otro. Se trataba de una división condicionada por el hecho de que la fractura liberales/conservadores no era, en el caso hispanoamericano, sólo ideológica, un conflicto en torno a derechos y organización política, aunque ésta fuese hegemónica, sino también identitaria, un conflicto en torno a qué somos: para los conservadores, hijos y herederos de España, de lo español y los españoles; para los liberales, del mundo prehispánico o de las revoluciones liberales euroamericanas pero no de España, el enemigo por antonomasia de las nuevas naciones (conflicto este último igual de virulento que el ideológico, pero más difícil de gestionar y con mayor capacidad de polarización social).

Para unos, los que para simplificar podemos denominar «liberales», las líneas de fractura ideológicas no siempre eran coincidentes con las identitarias: Estados Unidos era el hermano mayor que imitar, símbolo del progreso y la civilización a los que aspiraban a llegar; España, la nación extraña y ajena que durante tres largos siglos había esclavizado y explotado a las naciones americanas, símbolo de la barbarie y el atraso inquisitorial. Éste será el discurso que los liberales hispanoamericanos, desde Argentina (Juan Bautista Alberdi, Domingo Faustino Sarmiento…) hasta México (Ignacio Manuel Altamirano, Ignacio Ramírez…) y del «desespañolicémonos» de Sarmiento a «la desespañolización como política de Estado» de Ramírez, repetirán una y otra vez a lo largo del siglo XIX. Dicho antihispanismo fue especialmente virulento tras las declaraciones de independencia, y se prolongó hasta alrededor de principios del último cuarto de la centuria. Eran, por consiguiente, casi por completo refractarios a cualquier tipo de discurso panhispanista. España era el otro, la negación de lo que las repúblicas americanas eran y representaban.

Para los otros, que, también para simplificar y con las mismas precisiones que en el caso anterior, podemos denominar «conservadores», Estados Unidos era el enemigo ancestral de la raza española, el representante en suelo americano de una civilización extraña y ajena; España, la madre patria de la que las naciones hispanoamericanas habían heredado su parte más íntima, aquello que debían cuidar y conservar para seguir siendo ellas mismas. Eran, por consiguiente, no sólo receptivos a los discursos panhispanistas, sino en muchos casos activos creadores y difusores de ellos. El discurso panhispanista nunca fue unidireccional, de España hacia América, sino bidireccional, de España hacia América y de América hacia España.

Estos posicionamientos político-ideológico-culturales determinaban los que unos y otros mantenían respecto a Cuba. Los liberales propugnaban la independencia con el apoyo de Estados Unidos, el campeón de la libertad en América. Para los conservadores, aunque defensores también del derecho a la independencia de los cubanos, lo que estos pretendían en última instancia era lo que el resto de los países hispanoamericanos habían conquistado para sí mismos menos de un siglo antes, de modo que el debate entre independencia y no independencia era un falso dilema; el real era entre una Cuba española o una norteamericana (otro episodio más de la sorda batalla secular entre la raza española y la anglosajona).

El fin de la guerra de los Diez Años tras la firma de la Paz de Zanjón, en febrero de 1878, abrió un nuevo periodo en las relaciones de España con las repúblicas hispanoamericanas. El conflicto militar hizo comprender al Gobierno español el error de políticas intervencionistas que sólo habían servido para avivar el resentimiento antiespañol. Durante esos diez años el apoyo a los rebeldes cubanos no había venido únicamente de Estados Unidos, sino también de otros países del área caribeña, de cuyas costas habían partido decenas de barcos filibusteros con hombres, armas y dinero, con la connivencia de gobiernos que seguían viendo en España una amenaza para sus independencias. Dicho respaldo provino incluso de países como Chile o Perú, que, aunque más alejados del conflicto y sin fronteras directas con el Caribe, pero con las heridas de la guerra del Pacífico todavía recientes, también mostraron sus simpatías proinsurrectas, en el caso de Perú con la incorporación como voluntarios al ejército de Máximo Gómez de dos hijos del presidente de la República, Mariano Ignacio Prado.

Ello marcaría el punto de partida de una nueva política exterior hacia América Latina, con el establecimiento de relaciones con las repúblicas a las que todavía no se había reconocido (Colombia en 1881, Paraguay en 1882, Uruguay en 1882 y Honduras en 1895), la firma de tratados de paz con los países involucrados en la guerra del Pacífico (Perú y Bolivia en 1879, Chile en 1883 y Ecuador, 1885) y el desarrollo de un nuevo panhispanismo que, aunque coloreado todavía de paternalismo —España era la madre patria y las repúblicas hispanoamericanas, sus hijas, a las que debía tutelar y proteger—, mostraba un carácter más integrador e igualitario.

Como consecuencia de esta nueva política, la división entre conservadores hispanófilos y liberales hispanófobos se volvió menos tajante y una parte de los sectores liberales, hegemónicos en la mayor parte del continente, iniciaron un proceso de reconciliación con España y el pasado español. Fue uno de los grandes momentos del panhispanismo, movimiento que había comenzado a formularse en torno a mediados del siglo XIX, pero cuyo mayor desarrollo tuvo lugar en las décadas finales de la centuria. Uno de sus grandes hitos serían las celebraciones con motivo del Cuarto Centenario del Descubrimiento de América, en 1892, planeadas por el Gobierno español como la gran fiesta del hispanismo, con logros relevantes pero menos significativos de lo previsto, entre otros motivos porque el estallido de la guerra de Cuba tres años después rompió, al menos temporalmente, el idilio de la reconciliación.

EL PANHISPANISMO Y SUS IMPLICACIONES POLÍTICO-IDEOLÓGICAS

Las bases doctrinales del panhispanismo eran relativamente sencillas: influido por el romanticismo de raíz herderiana, afirmaba la existencia de una gran comunidad étnico-cultural hispánica de la que España, la antigua madre patria, reclamaba su condición de cabeza y guía. No era una comunidad política —nadie preconizaba la resurrección de la antigua monarquía católica—, pero sí histórica y cultural, lo que en la época se entendía como una comunidad de raza. Tuvo como principal opositor al panamericanismo, que con una visión más geopolítica reivindicaba la condición de América como tierra de la libertad frente a las caducas y retrógradas monarquías europeas —reservando un lugar de honor a la gran República del Norte como defensora de sus mucho más débiles hermanas del Sur—, y también, aunque de una manera ambigua, al latinoamericanismo, teorizado por Michael Chevalier, uno de los consejeros de Napoleón III, en el que la dicotomía no era anglosajones frente a españoles, sino raza latina frente a raza germánica. Fue aliado a veces del panhispanismo —lo hispánico como parte de la común matriz civilizatoria latina frente a lo anglosajón y germánico— y enemigo otras, al ser visto como expresión de la voluntad de injerencia de Francia en la gran comunidad de raza y cultura hispánica.

El panhispanismo tuvo desde sus orígenes un fuerte componente de oposición a la hegemonía y la expansión norteamericanas, algo que acabaría siendo una de sus señas de identidad más perdurables. Sería instrumentalizada desde muy pronto por los gobiernos españoles en el conflicto cubano; lo que se estaba dirimiendo en Cuba no era la independencia de la isla, sino un episodio más de la expansión de la raza anglosajona a expensas de la española.

La comprensión de este panhispanismo, que tan importante papel iba a desempeñar tanto en los posicionamientos de los países hispanoamericanos frente a la guerra de Cuba como, posteriormente, ante la derrota y la crisis del 98, exige una breve referencia al lugar de la raza en el pensamiento decimonónico, que cabría resumir en que la idea de que las características morales e intelectuales de los individuos estaban determinadas por su origen racial fue ampliamente aceptada y teorizada en toda la cultura de la época. Sobre la base de esto, y a pesar de la ambigüedad del concepto de «raza», se fueron sedimentando tres ideas complementarias: la existencia de cuatro grandes grupos raciales (blancos, amarillos, negros y cobrizos), la subdivisión de estos grupos en grandes familias o subrazas (latina, germánica, eslava, etc.) y la existencia de características raciales de tipo nacional (raza española, raza anglosajona, etc.), cada una de ellas con características físicas, intelectuales, morales y de civilización que permitían diferenciarlas unas de otras pero también agruparlas en familias en función de su mayor o menor cercanía.

En este contexto político-ideológico, la afirmación de la existencia de una raza española, extendida a ambos lados del Atlántico y en América enfrentada a la anglosajona, desempeñó un papel importante en el pensamiento decimonónico, español y americano, aunque en esas décadas finales del siglo XIX se tendió a expresar, del lado americano, no como una oposición entre raza española y raza anglosajona, sino entre raza latina y raza anglosajona. Era una incoherencia semántica, y suponía el enfrentamiento de pares que no se encontraban en el mismo nivel clasificatorio —familia racial en un caso y raza nacional en otro—, algo que se explica tanto por la hispanofobia tradicional de los liberales hispanoamericanos, a los que el uso del término «latino» les permitía obviar el más conflictivo de «español», como por el prestigio de lo francés, que el término «raza latina» incluía, entre las élites político-intelectuales del continente. Constituía una percepción racializada que los gobiernos españoles trataron continuamente de instrumentalizar en el conflicto cubano. El problema no eran los rebeldes, sino su dependencia de los designios norteamericanos y, por tanto, su instrumentalización por la raza anglosajona.

Este panhispanismo incluyó también del lado español un fuerte componente de imperialismo de sustitución. España era una nación ya casi sin colonias, pero que había sido dueña de uno de los mayores imperios de la historia de la humanidad, cuyo resultado habría sido una gran comunidad de naciones, hijas de la misma raza, de las que la madre patria se convertía en líder espiritual.

El gran enemigo del proyecto panhispanista, al menos desde la perspectiva española, fue siempre el panamericanismo impulsado por Estados Unidos, un país que durante la mayor parte del siglo, a pesar de las preocupaciones españolas, nunca mostró demasiado interés por los asuntos de las repúblicas situadas al sur de su frontera, al margen de los expolios territoriales a México, primero Texas y después todo el sudeste del actual Estados Unidos, los hoy estados de California, Nevada, Utah, Nuevo México y parte de los de Arizona, Colorado, Wyoming, Kansas y Oklahoma. La situación empezó a cambiar, como otros muchos aspectos de la política exterior norteamericana, a partir del final de la guerra de Secesión, cuando la voluntad de tutela sobre las demás repúblicas americanas, evitando intervenciones europeas en el continente, se convirtió en uno de los ejes de su política exterior.

El primer conflicto entre los intereses estadounidenses y españoles de este segundo periodo, al margen de Cuba, tuvo como escenario la región del istmo de Panamá, en esos momentos todavía territorio colombiano, cuando el Gobierno de este país y el de Costa Rica acordaron en la Convención de San José, celebrada el 25 de diciembre de 1880, someter la disputa por los límites de su frontera centroamericana, que se venía arrastrando desde el momento de la independencia, al arbitraje del rey de Bélgica y, en el caso de que éste no aceptase, al de España. Se trataba de un asunto particularmente sensible para Estados Unidos, ya que el área en litigio podía incluir el futuro canal interoceánico, al que desde hacía un siglo se venía dando vueltas y que la construcción del Canal de Suez y el desarrollo tecnológico parecían por primera vez hacer viable. Su apertura permitiría una comunicación marítima mucho más rápida entre las costas atlántica y pacífica norteamericanas, hasta ese momento sólo posible por el cabo de Hornos.

Estados Unidos se había comprometido con Colombia a mantener la neutralidad del istmo y garantizar la soberanía colombiana sobre él, por lo que la posible mediación europea fue considerada una intervención no deseada. Las instrucciones del Gobierno norteamericano a su embajador en Madrid, antes de saber que el rey de Bélgica había rechazado hacer de mediador, fueron que informase al español de que no aceptarían el laudo del rey de España; un veto, por tanto, a cualquier posible arbitraje de este último y un claro revés para la diplomacia española, que veía en este tipo de arbitrajes fronterizos, naturales dado que toda la documentación sobre los límites administrativos de la antigua monarquía se encontraban en el Archivo de Indias de Sevilla, una forma no sólo de aumentar la presencia de España en la región, sino también de reafirmar la idea de que eran pleitos familiares resueltos en familia.

Tenían, desde la perspectiva española, un alto valor simbólico, por lo que, a pesar de las presiones norteamericanas, se optó por no renunciar explícitamente al arbitraje y demorar la respuesta. Tanto los gobiernos implicados como el español eran conscientes de que un acuerdo sin el apoyo de la principal potencia de la región era poco menos que papel muerto. El proceso se alargaría hasta 1885, cuando el presidente demócrata Grover Cleveland, menos proclive a las intervenciones exteriores que las anteriores administraciones republicanas, levantó el veto no formal al arbitraje español, después de que tanto Colombia como Costa Rica ofrecieran garantías de que en ningún caso el arbitraje afectaría a intereses norteamericanos. Finalmente nunca se llevó a cabo.

Una nueva petición de arbitraje de límites, en este caso entre Colombia y Venezuela en 1881, obtuvo resultados también ambiguos. La mediación del rey de España fue aceptada aquí por Estados Unidos, gracias a que el representante de Colombia en Madrid había informado previamente al ministro de Estados Unidos en España de que Alfonso XII era el árbitro idóneo. Era una especie de petición de permiso que, desde la perspectiva norteamericana, mostraba que las presiones ejercidas en el conflicto de límites entre Costa Rica y Colombia habían surtido efecto y que se reconocía el papel de Estados Unidos como potencia continental, al margen de que en el conflicto colombiano-venezolano no había en juego intereses norteamericanos.

El recurso al arbitraje de potencias europeas preocupó lo bastante a Estados Unidos como para proponer la celebración de una Conferencia Panamericana en Washington a modo de foro donde resolver estos conflictos y evitar guerras como la que en ese momento estaba teniendo lugar entre Chile, Perú y Bolivia, así como también, desde la perspectiva de Estados Unidos, donde impedir intervenciones europeas como las que habían tenido lugar hasta la década de los sesenta, incluidas las españolas.

El 29 de noviembre de 1881, todavía no terminada la guerra del Pacífico y coincidiendo con las peticiones de arbitraje colombiano-costarricenses, Estados Unidos lanzó la convocatoria para la I Conferencia Panamericana, cuya celebración, por motivos básicamente de política interna estadounidense, se retrasaría hasta 1889-1890. La reacción del Gobierno español fue la de oponerse a una política que consideraba lesiva para sus intereses en Cuba, pero también, más en general, para su proyecto panhispanista. Apenas unos pocos meses después de la iniciativa norteamericana, en febrero de 1882, se envió una circular a las representaciones diplomáticas españolas en Argentina, Bolivia, Brasil, Colombia, Costa Rica, El Salvador, Guatemala, Honduras, México, Nicaragua, Perú, Uruguay y Venezuela, para que intentasen convencer a los gobiernos de estos países de que no asistieran al encuentro de Washington. El argumento esgrimido era que, a pesar de la afirmación del Gobierno estadounidense de que «no intentan aconsejar ninguna solución en las cuestiones pendientes entre los estados que concurran, ni aparecer como protector de las naciones vecinas o como árbitro predestinado y necesario de sus conflictos», a nadie se le escapaba que éste era el verdadero objetivo, el sometimiento a un Estado que continuamente se refería a sí mismo como el «poder más importante del Nuevo Mundo».

Las gestiones se saldaron con un rotundo fracaso. La llamada a la comunidad de intereses de las razas latinas —y no deja de ser revelador que en la circular se hablase de «razas latinas» y no de «raza española», una forma sin duda de intentar granjearse las simpatías de los gobiernos liberales del continente— de poco sirvió frente a la voluntad de no irritar a Estados Unidos. El retraso de la convocatoria ocultó, sin embargo, el fracaso de la iniciativa española. Sólo el Gobierno de Colombia informó de que no pensaba aceptar la invitación norteamericana, y fueron varios los países (Argentina, Brasil y Uruguay) que ni siquiera se dignaron responder.

La reactivación de la convocatoria de la conferencia por parte del Congreso estadounidense, en mayo de 1888, hizo saltar otra vez las alarmas del Gobierno español, que consideró que el objetivo real era ahora boicotear el proyecto español de celebración del Cuarto Centenario del Descubrimiento de América, la culminación simbólica de la política panhispanista de la Restauración. Se volvió a intentar convencer a los gobiernos de las repúblicas hispanoamericanas de la conveniencia de no asistir a la reunión de Washington, con la misma falta de éxito. Ni siquiera el intento de última hora del entonces ministro de Estado del Gobierno español, Segismundo Moret, de que España, como país americano en virtud de sus provincias de Cuba y Puerto Rico, fuese invitada a la reunión, tuvo éxito. El Gobierno estadounidense, en lo que era una clara muestra de reafirmación de la Doctrina Monroe, proclamó su voluntad de invitar exclusivamente a representantes de países americanos independientes, excluyendo no sólo a Cuba, sino también a la mucho más cercana —tanto desde el punto de vista geográfico como cultural— Canadá, bajo soberanía británica.

Incluso una vez confirmada la asistencia de todos los países americanos a la reunión de Washington, Madrid envió una nueva circular a sus representaciones diplomáticas en América, no ya para que insistiesen a los gobiernos hispanoamericanos en la no asistencia, una batalla que se daba por perdida, sino para que los convencieran de defender posturas comunes frente a las propuestas de Estados Unidos, con la misma falta de éxito.

La política de movilización de las supuestas simpatías proespañolas de las naciones hispanoamericanas, base del panhispanismo, chocaba con la realidad de unos países para muchos de los cuales el enemigo seguía siendo España en mayor medida que Estados Unidos. El panamericanismo, por motivos de fuerza —el miedo a enajenarse la buena voluntad de Estados Unidos— o de convencimiento —la existencia de una comunidad política hemisférica de repúblicas frente a las vetustas monarquías europeas—, se imponía claramente al panhispanismo en vísperas del conflicto decisivo sobre Cuba.

LAS REPÚBLICAS HISPANOAMERICANAS Y LA GUERRA DE CUBA (1895-1898)

El Grito de Baire, con la reanudación del conflicto cubano, devolvió la situación más o menos al punto de partida. Los sectores conservadores, tradicionalmente hispanófilos, tendieron a tomar partido a favor de España y los liberales, de los insurrectos. Era una dicotomía político-ideológica pero también socioeconómica —clases altas proespañolas frente a clases bajas proinsurrectas— que, dado el componente racial de la pirámide social latinoamericana, se coloreó también de un cierto componente étnico —blancos por un lado e indios, negros y mestizos por otro—, aunque siempre con la dificultad que las categorías de análisis raciales plantean.

Esta polarización político-ideológica, socioeconómica y étnica estuvo presente incluso en países tan alejados del conflicto como Chile, donde, según explicaba el enviado del Partido Revolucionario Cubano, Arístides Agüero, en una carta a Tomás Estrada Palma —quien había sucedido a José Martí como máxima autoridad del partido— firmada en Santiago el 16 de octubre de 1895:

> Los demócratas, radicales, obreros y estudiantes están con nosotros, pero los conservadores y clericales nos hacen guerra sorda. Razones:
> 1.º Creen representa España el catolicismo y defiéndenla con calor influenciados por el clero español que aquí es numeroso e influyente […].
> 2.º Hay mucho orgullo de clase y sangre, todos quieren ser herederos directos de los héroes íberos de la conquista y Edad Media: se enorgullecen de la raza, de la Madre Patria, etc.

Es un resumen bastante preciso de las que habían sido las bases de la hispanofilia conservadora a lo largo de todo el siglo XIX, aunque ignoraba las que habían sido y eran las de la hispanofobia liberal durante este mismo periodo.

En este contexto, los gobiernos de las repúblicas latinoamericanas se vieron comprometidos a debatirse entre el apoyo al Gobierno español, al que se veían obligados por los tratados firmados con España; las simpatías proindependentistas de una parte de la población, posiblemente mayoritarias al menos hasta la intervención de Estados Unidos en la guerra; las simpatías proespañolas de otra parte de la población, menor en número pero en general influyente; la presión de las colonias españolas en el continente, en algunos casos cuantitativamente importantes —Argentina sería el ejemplo más claro, mientras que en otros eran más reducidas pero tenían un gran peso económico y presencia pública, caso por ejemplo de México—, y el miedo al cada vez más amenazante expansionismo norteamericano, con un Estados Unidos que reclamaba de forma cada vez más explícita su condición de potencia hegemónica continental.

La amistad con España, con la que todos los estados hispanoamericanos habían firmado tratados de paz y amistad a lo largo del siglo XIX, encontraba contrapeso en las simpatías por los insurrectos y éstas, en el miedo a una independencia mediatizada por Estados Unidos, que amenazaba con convertir a Cuba en un nuevo capítulo del expansionismo anglosajón en América. Dicho temor lo agravaba el convencimiento de que la población cubana, con un alto porcentaje de negros, sería incapaz de gobernarse por sí misma, por lo que la alternativa real no era entre independencia y no independencia, sino entre una Cuba española y una Cuba norteamericana. Esto es lo que el ministro de México en Estados Unidos, el influyente Matías Romero, le habría transmitido de manera explícita a Segismundo Moret, según le aseguraba éste a Sagasta en una carta del 20 de noviembre de 1897:

> Si creyésemos posible la constitución de un Estado independiente en Cuba, protegeríamos de un modo resuelto y decidido a los rebeldes; pero, como eso nos parece absolutamente imposible, habiendo de optar entre la anexión a los Estados Unidos ó la soberanía española, hacemos votos por el triunfo de España que nos va inspirando ya desconfianza y que caso de lograrse exige concesiones amplias que eviten o dilaten por mucho tiempo nuevas tentativas revolucionarias.

Se trataba de un argumento al que parte de las élites latinoamericanas eran particularmente sensibles. La penetración de discursos hispanistas, y dentro de ellos la idea del enfrentamiento entre la raza española y la anglosajona como una de las claves de la vida política del continente, por retóricos que pudieran ser, habían tenido relativo éxito. No eran pocos los que, después de afirmar su posicionamiento a favor de la independencia de Cuba, ponían como condición que siempre que ésta no derivase en la anexión por parte de Estados Unidos. El problema, desde la perspectiva del Gobierno español, era que muchos insurgentes cubanos, con el influyente Martí a la cabeza, planteaban el conflicto de la misma manera pero a la inversa: sólo una Cuba independiente garantizaría un contrapeso real a la voluntad expansionista norteamericana en el Caribe.

El Gobierno español, consciente de los complejos posicionamientos de las sociedades hispanoamericanas frente al conflicto cubano y de la importancia, tanto material como simbólica, que tenía impedir el apoyo de éstas y de sus gobiernos a los rebeldes, presionó para impedir cualquier tipo de reconocimiento o apoyo a la causa insurrecta. Diseñó para ello una estrategia común, reflejada en dos circulares enviadas el 11 de octubre y el 7 de diciembre de 1895 por el ministro de Estado, Carlos Manuel O'Donnell, a los representantes españoles en la región, en las que se definían las distintas situaciones a las que podían enfrentarse y cuáles debían ser las respuestas frente a cada una de ellas, en función de la legislación de cada país.

Esto desde la perspectiva del Ejecutivo español. Desde el punto de vista de los gobiernos de las repúblicas hispanoamericanas, la única salida razonable era la neutralidad, que fue la opción escogida por la mayoría de los países del continente, con múltiples matices en función del contexto geopolítico particular de cada uno de ellos. Constituía un posicionamiento difícil dada la implicación afectiva de una parte de la población en el conflicto, partidarios de España unos, incluidas las activas colonias españolas, y de los insurrectos cubanos otros, especialmente los sectores situados más a la izquierda del espectro político-ideológico. La manifestación de las distintas simpatías no se limitó a expresiones públicas de apoyo a uno u otro bando, sino que incluyeron campañas de ayuda económica y, con un valor más simbólico y propagandístico que militar, también alistamientos de voluntarios.

Estas movilizaciones dificultaron el mantenimiento de la neutralidad oficial y obligaron a los gobiernos a tomar medidas relativamente drásticas, como la orden dada por el chileno al comandante general de armas de Santiago de arrestar a los oficiales del ejército y los cadetes de la Escuela Naval que habían participado en el mitin de apoyo a los insurrectos cubanos organizado por los estudiantes de la capital el 14 de julio de 1895. Medidas parecidas, no sólo por la presión del Gobierno español, sino también para evitar tensiones políticas en el interior de sus sociedades, serán adoptadas por otros muchos gobiernos: en Uruguay el presidente Juan Bautista Idiarte Borda se comprometió ante el embajador español a impedir las manifestaciones que pudieran provocar conflictos con los españoles establecidos en el país; en Argentina el Gobierno de José Félix Uriburu declaró oficialmente que la cuestión cubana era un asunto interno español; en Paraguay el presidente Juan Bautista Egusquiza afirmó que impediría cualquier acto proselitista cubano, etc. Con todo, los posicionamientos podían variar en función de los cambios políticos internos, como ocurrió en Uruguay, donde el asesinato de Idiarte y su sustitución por Lindolfo Cuestas, en agosto de 1897, dieron como resultado que se volviesen a autorizar los actos públicos en apoyo de los insurrectos cubanos e incluso que el nuevo presidente se entrevistase en secreto con Arístides Agüero, el agente de la delegación del Partido Revolucionario Cubano en Nueva York en gira por los países de la región.

Los casos de Argentina y Uruguay resultan de todos modos bastante excepcionales por el alto número de españoles establecidos allí, además de que la lejanía de Cuba hacía que para ambos países el Caribe no formara parte de su escenario internacional. Las posiciones fueron mucho más ambiguas en el resto del continente, en particular en el área del Gran Caribe, la que, por su cercanía a Cuba, más interesaba al Gobierno español. El reconocimiento o no de la beligerancia a los rebeldes cubanos o la prohibición o no de las campañas en su apoyo dejaban de ser un asunto simbólico cuando de las costas de estos países podían fletarse barcos con hombres y armas para combatir en Cuba. La posición de los gobiernos de la región no era sin embargo fácil. Estaban la presencia de numerosos cubanos exiliados y una opinión pública que, de manera general, era favorable a la independencia, pero estaban también los intereses geoestratégicos de cada uno de ellos, sobre los que cualquier cambio en la situación de Cuba tenía repercusiones inmediatas, no necesariamente propicias, y, por último pero no menos importante, estaba la presión de Estados Unidos en favor de los rebeldes.

Era un escenario complejo en el que México, como había ocurrido ya a lo largo de todo el siglo XIX, desempeñaría un papel central, por su cercanía a Cuba, en realidad fronterizo con ella por mar; por su extensa frontera con Estados Unidos y una dependencia de su vecino del norte mucho mayor que la de cualquiera de las demás repúblicas; por un cierto papel de potencia regional —era el país más poblado y más rico de todos los de la región, salvo obviamente Estados Unidos—; y porque el Caribe se había convertido en la frontera geoestratégica en torno a la que giraba la defensa de su soberanía nacional (era por este mar por donde circulaba todo su comercio con Europa, vínculo que una Cuba norteamericana amenazaba con romper).

La política oficial del Gobierno de Porfirio Díaz fue, como la de otros muchos países del continente, la de una neutralidad estricta pero ambigua. Se mantuvo al margen de las polémicas entre los partidarios y los detractores de la independencia de Cuba —entre estos últimos la activa colonia española—, pero con gestos hacia los independentistas cubanos, como la entrevista concedida por el presidente de la República a José Martí en 1894, justo antes del estallido de la guerra. Y es que, a pesar de que el apoyo popular a los insurrectos cubanos era claramente mayoritario —también la simpatía de los sectores políticos que apoyaban al Gobierno—, el problema que en realidad preocupaba a las élites mexicanas, y que les había venido preocupando durante todo el siglo XIX, era el expansionismo norteamericano, la posibilidad de que el resultado final fuese la anexión de Cuba por parte de Estados Unidos.

La situación geográfica de la isla, una especie de puente entre las penínsulas de Florida y Yucatán, la convertía en llave de las comunicaciones de México con Europa, y para los intereses de México resultaba mucho menos amenazadora una Cuba española que una estadounidense (en realidad nadie creía demasiado en la viabilidad de una Cuba independiente). La estricta neutralidad oficial —el Gobierno permitió lo mismo campañas de prensa a favor de una Cuba española, de una Cuba independiente, de la mediación norteamericana y hasta de una Cuba mexicana— escondía en realidad una clara preferencia por el mantenimiento del *statu quo*. Esta situación la aprovechó el Gobierno español, que presionó para que la Administración mexicana impidiera la utilización de su territorio como base de apoyo a los insurrectos cubanos; tuvo bastante éxito, aunque tampoco se engañaba respecto a cuál era el posicionamiento de fondo de México, que podría resumirse en un Gobierno que proclamaba su amistad hacia España, unas autoridades en su inmensa mayoría partidarias de los insurrectos y una opinión pública también favorable a los independentistas cubanos.

La complejidad de los posicionamientos mexicanos es extensible a los demás países del área caribeña, con las mismas ambigüedades y tensiones entre las posturas oficiales y los sentimientos tanto de la población como de los gobiernos. No se debe olvidar que las expediciones que dieron inicio a la guerra de 1895-1898 no salieron de territorio norteamericano, sino desde Costa Rica (la de Tomás Maceo) y Haití (la de Máximo Gómez).

El caso más problemático para la diplomacia española fue el de la República Dominicana, por su cercanía a Cuba y Puerto Rico, por la presencia de un gran número de exiliados independentistas cubanos y por su subordinación a Estados Unidos. A pesar del compromiso del Gobierno de Ulises Heureaux de prohibir toda reunión de apoyo a los rebeldes cubanos, el país se convirtió en una importante base de apoyo para la insurgencia cubana. Según un informe del cónsul general español, Francisco Lozano, sólo desde el inicio de la guerra hasta septiembre de 1895, fecha del informe, habían salido dos expediciones hacia Cuba y se habían creado decenas de clubes cubanos, lo que le llevaba a concluir que «el Gobierno actual no ha dado prueba de su adhesión a España». La respuesta española fue aumentar la presión sobre el Gobierno dominicano hasta conseguir que autorizase la presencia en sus aguas jurisdiccionales de un navío español dedicado a la vigilancia e inspección de los barcos que circulasen por ellas.

Una situación parecida se dio en Haití. Las presiones españolas consiguieron arrancar la garantía de que se impediría cualquier acto de apoyo a los independentistas cubanos y que el territorio haitiano fuera utilizado por éstos como lugar de tránsito hacia Cuba. No se cumplió ninguna de las dos, pues tanto José Martí como Máximo Gómez pasaron por el país camino de Jamaica y los actos de apoyo y las suscripciones a favor de los rebeldes se multiplicaron por todos los pueblos de la República. La situación comenzó a cambiar con la elección como presidente, en la segunda mitad de 1896, del general Tirésias Simon Sam, más proclive a los intereses españoles, no tanto por simpatía hacia España como por miedo al intervencionismo norteamericano.

Aunque más alejadas de Cuba que las dos repúblicas que comparten la isla de La Española, las repúblicas centroamericanas resultaban también importantes para la política española con vistas a impedir la existencia de bases de apoyo a los rebeldes cubanos. La menor presencia de exiliados cubanos, con la excepción de Costa Rica, permitió llevar a cabo esta política de manera más fácil y fluida, y los gobiernos de todos estos países se comprometieron a frenar cualquier apoyo a los rebeldes.

También más alejadas de Cuba, pero con un mayor peso geopolítico, estaban Venezuela y Colombia. La primera era particularmente problemática, ya que, a pesar de que su Gobierno reiteró su apoyo al Tratado de Paz y Amistad, firmado entre Venezuela y España el 30 de marzo de 1845 —cuyo artículo 12 decía literalmente que el Gobierno de Venezuela se comprometía a «no consentir que desde su territorio se conspirara contra la seguridad de España y sus islas», una nada velada alusión a Cuba—, ello no impidió la formación de varios comités revolucionarios en su territorio ni, lo que era todavía más grave, la salida de una expedición cubano-venezolana con destino a Jamaica. Los buenos oficios del embajador español, Antonio de Castro, permitieron cambiar la situación y en los primeros meses de 1896 el presidente venezolano, Joaquín Crespo, se comprometió a impedir cualquier expedición a Cuba a la vez que el Gobierno abortaba el proyecto presentado en el Congreso de reconocimiento de la beligerancia a los rebeldes cubanos.

Más fácil resultaron las gestiones en Colombia. La derrota de los liberales y la llegada de los conservadores al poder generaron un clima de clara simpatía hacia los intereses españoles. El Gobierno colombiano impidió cualquier tipo de campaña de recogida de fondos y de movilización a favor de los rebeldes cubanos y el envío de cualquier tipo de apoyo a Cuba, llegando incluso a prohibir las habituales campañas en la prensa en apoyo de los independentistas y en contra de España, habituales en el resto del continente.

La progresiva y cada vez más visible implicación estadounidense en el conflicto, que culminaría con la declaración de guerra a España, obligó a los gobiernos de los distintos países a definir de manera más precisa su postura con declaraciones oficiales de neutralidad, más o menos escorada a favor de uno u otro contendiente en función del contexto local. La de Chile fue coloreada de un cierto matiz pronorteamericano, por el interés de su Gobierno en buscar el apoyo de Estados Unidos en su conflicto de delimitación de los límites territoriales con Argentina; la de Venezuela, que demoró su declaración de neutralidad hasta junio de 1898 —a diferencia de los demás países de la región, que lo hicieron entre la última semana de abril y la primera de mayo—, vino acompañada de una petición de disculpas al embajador de España por una declaración de neutralidad justificada por el miedo a represalias norteamericanas; la de México, el país en una situación más difícil por su carácter fronterizo tanto con Estados Unidos como con Cuba y por contar con una opinión pública muy movilizada y polarizada, consistió en decretar una neutralidad estricta; la de Uruguay fue tan extrema que incluyó la prohibición de toda manifestación relacionada con la guerra, y se llegó a impedir la formación de una sociedad de la Cruz Roja Sudamericana porque, según el Gobierno, pretendía asistir sólo a España, etcétera.

La opinión pública, por su parte, recuperó rápidamente la antigua división entre los sectores liberales más radicales, que desempolvaron todos los viejos argumentos acerca de la España inquisitorial, sanguinaria y retrógrada, y los conservadores, que hicieron lo mismo respecto a la guerra cubana como un conflicto de razas, entre españoles de un lado y anglosajones de otro. Intelectuales de uno y otro signo volvieron a defender sus contrapuestas visiones sobre España, a la que se veía como un país inquisitorial, origen de todos los males que asolaban al continente, o bien como la madre patria origen de lo que cada uno de ellos era.

El ultimátum norteamericano, sin embargo, redactado en unos términos inusualmente duros y provocadores, desplazó el apoyo a los independentistas cubanos por movilizaciones a favor de España, incluidos actos para recaudar fondos y de alistamiento de voluntarios. El cambio fue también perceptible en los medios de comunicación liberales, que, aunque mantuvieron su apoyo a la independencia de Cuba, tendieron a posicionarse del lado español una vez que la tensión dio paso a un conflicto armado entre España y Estados Unidos. Era un enfrentamiento entre razas, de españoles contra anglosajones, en el que todos los hispanoamericanos, tal como escribía el 27 de abril de 1898 *El Vigía* de Bogotá —periódico que, como la mayoría de los liberales, hasta ese momento había apoyado a los insurgentes cubanos—, debían mostrar su «preferencia innata por la Madre Patria cuando está enfrentada a miembros de la raza anglosajona». No fue el único.

El Tiempo de Buenos Aires, periódico en un principio claramente partidario de los insurrectos, el 3 de abril, cuando la intervención norteamericana parecía ya inevitable, incluyó en sus páginas la «Oda a España», de Calixto Oyuela, y en días sucesivos, prácticamente en cascada, una serie de artículos cerrando filas a favor de España y en contra de Estados Unidos, que empezó a ser presentado, en éste y en otros muchos periódicos antes partidarios de los insurrectos, como una nación de bárbaros, expresión del materialismo anglosajón, frente a una España convertida en baluarte último de la latinidad y la civilización. La derrota de España era la de la civilización hispánica en su conjunto. Al menos así lo vería unos pocos años después, en 1905, el influyente Rubén Darío en su conocido poema «Los cisnes»:

> *¿Seremos entregados a los bárbaros fieros?*
> *¿Cuántos millones de hombres hablaremos en inglés?*
> *¿Ya no hay noble hidalgo ni bravos caballeros?*
> *¿Callaremos ahora para llorar después?*

LAS COLONIAS DE ESPAÑOLES EN AMÉRICA Y LA GUERRA DE CUBA

Los grandes protagonistas de las movilizaciones a favor de España fueron los españoles establecidos en América, que ya en estas últimas décadas de siglo XIX conformaban colonias sólidamente asentadas y con una importante presencia en la vida económica, social y cultural de muchos de estos países. Se trataba en la mayoría de los casos de colonias complejas, constituidas no sólo, tal como se ha considerado tradicionalmente, por emigrantes económicos con un bajo nivel cultural, sino también por exiliados políticos, provenientes del fracaso de la experiencia revolucionaria del Sexenio pero también de las derrotas carlistas, o miembros de profesiones liberales que, amparados en la homogeneidad cultural e idiomática, buscaron desarrollar su vida profesional al otro lado del Atlántico. La presencia, por ejemplo, de españoles en la prensa del último cuarto del siglo XIX es continua, desde México hasta Argentina, y no sólo como redactores, sino también como fundadores y directores de muchas de las publicaciones periódicas de la época.

Esto, sumado al éxito económico de muchos de los emigrantes tradicionales, les dio una presencia pública y una capacidad de movilización muy superiores a las que corresponderían a su número, en general bastante reducido con la única excepción relevante de Argentina, donde en el momento del inicio del conflicto cubano vivían 198.000 españoles, concentrados la mayoría de ellos —lo que para entender los procesos de movilización es un dato importante— en Buenos Aires, donde casi una cuarta parte de sus habitantes eran en esos años españoles. (También hasta cierto punto Uruguay, cuya colonia de españoles era mucho menor —en torno a 32.000 en 1890— pero, dada la población total del país, resultaba importante y también se concentraba mayoritariamente en Montevideo.)

En todas las comunidades los procesos de movilización fueron parecidos: se enfrentaron primero a los partidarios de los insurrectos, a través de sus periódicos y la prensa afín, pero también por medio de manifestaciones y actos públicos y en algunos casos a golpes y bastonazos, y organizaron después campañas de apoyo y envío de voluntarios, dinero y pertrechos y, en el caso de las colonias más ricas, México y Argentina, la apertura de cuestaciones para la donación de barcos a la armada española.

En el caso de Argentina, el país, como ya se ha dicho, con el mayor número de emigrantes españoles, éstos tuvieron, en un primer momento, que enfrentarse a las provocaciones de los partidarios de la independencia de Cuba, en apariencia dueños del espacio público, y a sus gritos de «¡Muera España y viva Cuba libre!», expresión ya desde la guerra de los Diez Años de una hispanofobia ampliamente extendida entre las clases populares. La diferencia fue ahora la respuesta de una colonia española mucho más numerosa y organizada, que no sólo polemizó en la prensa con los defensores de la independencia cubana, sino que también les disputó el espacio público, como cuando en enero de 1896 un grupo de españoles se enfrentó a golpes en Buenos Aires con una manifestación a favor de la independencia cubana.

En muy poco tiempo lograron revertir la situación con movilizaciones y actos a favor de España, coordinados a partir de 1896 por la Asociación Patriótica Española, creada el 22 de marzo de ese año en un acto multitudinario celebrado en la plaza Euskara del Laurak Bat, el centro vasco en la capital argentina, una de las múltiples asociaciones de inmigrantes españoles en este país. Entre los resultados tangibles de esta movilización cabe mencionar el envío, entre septiembre de 1895 y febrero de 1896, de 2.600 voluntarios a Cuba —después suspendido por el excesivo coste de su traslado—; la donación de un acorazado, el *Río de la Plata*, de 1.775 toneladas, a la armada española —se terminó de construir cuando la guerra ya había finalizado—, y la aportación de más de un tercio del total de lo recaudado en la suscripción nacional convocada por la reina regente.

En el resto de los países del continente, con colonias españolas menos numerosas e influyentes, su capacidad de movilización y de presión política fue mucho menor. La única excepción fue México, con una comunidad española no muy numerosa pero sí de gran peso económico y político, por lo que la movilización nacionalista fue en ella intensa, con la proliferación de juntas patrióticas de apoyo a la guerra por todo el país. Los resultados de estas movilizaciones fueron espectaculares, con el envío de cientos de mulas y otros pertrechos bélicos a la isla, además de la propuesta de realizar una contribución voluntaria entre todos los españoles de América para la construcción de una escuadra. A esto hay que añadir una intensa movilización propagandística en la que los periódicos españoles (*El Correo Español*, *El Español*...) y los mexicanos propiedad de españoles (*El Popular*, *El Tiempo*, *El Día*, *El Gil Blas*...) se enzarzaron en una agria polémica con los diarios defensores de la independencia de Cuba.

Tampoco se debe desdeñar, sin embargo, la participación en estas movilizaciones de las poblaciones locales. El panhispanismo de finales del siglo XIX y primeras décadas del XX no fue un fenómeno sólo español, sino en parte de ida y vuelta, y la deriva de la guerra hacia un enfrentamiento entre España y Estados Unidos no hizo más que confirmar muchos de los análisis conservadores sobre el conflicto bélico como un enfrentamiento entre españoles y anglosajones, favoreciendo su crecimiento y prestigio. La movilización de las colonias españolas actuó como fermento, pero a partir del momento en que la intervención norteamericana se hizo más evidente, en los primeros meses de 1898, la implicación de las sociedades locales fue cada vez mayor (también la visualización de la guerra como un conflicto de razas, de latinos contra anglosajones). Ejemplo paradigmático de ello fue el mitin organizado el 2 de mayo de 1898 en el teatro Victoria de Buenos Aires por la Asociación Patriótica Española, convertido en una exaltación de la solidaridad de los demás pueblos latinos con España, representados simbólicamente por Italia, «la madre», con la intervención del italoargentino José Tarnassi; Francia, «la hermana», con el historiador francoargentino Paul Groussac, y Argentina, «la hija», con el ya en ese momento influyente Roque Sáenz Peña (años más tarde llegaría a presidente de la República).

La guerra era entre Estados Unidos y España, con los rebeldes cubanos sólo como un juguete al servicio de las ambiciones norteamericanas, juicio en el que coincidieron tanto Groussac como Sáenz Peña. Era una guerra, según el primero, mantenida «merced al oro, a las armas [y] a la complicidad de los Estados Unidos», que «hace ochenta años que codician a Cuba, cuyo destino manifiesto, según ellos, no es otro que el de Tejas y California». Argumento que el segundo, quien ya en el I Congreso Panamericano de Washington había cuestionado el «América para los americanos» con su menos célebre pero cargado de intención «Sea América para la humanidad», redondeó con un tajante y explícito rechazo de la Doctrina Monroe: «Condenar las intervenciones europeas en el mismo documento en que se reservan las americanas y en que ellas se ejercitan por acto propio e inconsulto, no es, en efecto, reprobar la intervención, sino gestionar su monopolio». (También, en última instancia, del panamericanismo, seña de identidad durante casi un siglo de la mayoría de los liberales del continente.)

Lo que Estados Unidos buscaba declarando la guerra a España no era la independencia de Cuba, sino su anexión. Era el reflejo, y es otra vez Sáenz Peña quien habla, de «sueños de predominio, que aspiran a gravitar pesadamente en la vasta extensión de este continente»; uno de los tópicos más queridos del pensamiento hispanófilo hispanoamericano, el de la historia del continente como un enfrentamiento multisecular entre españoles y anglosajones.

EL 98 Y SUS CONSECUENCIAS EN LAS RELACIONES ENTRE ESPAÑA Y AMÉRICA LATINA

La derrota del 98 tuvo en este contexto un efecto paradójico: supuso el fin de la presencia de España en América, pero también del componente de amenaza que la antigua potencia colonizadora había tenido durante la mayor parte del siglo XIX. El panhispanismo evolucionó hacia un hispanoamericanismo de carácter más igualitario y, por primera vez en la historia del continente, la oposición a Estados Unidos dejó de ser patrimonio exclusivo de los grupos conservadores para convertirse en patrimonio también de la izquierda.

Fue el inicio de un proceso que llevaría, después de la III Conferencia Panamericana (1906), a la conversión de muchos sectores conservadores en partidarios y defensores de Estados Unidos mientras la izquierda política convertía la oposición al imperialismo norteamericano en una de sus principales banderas de movilización. Sería, en cualquier caso, un proceso de gran complejidad, ya que la oposición entre derecha hispanófila e izquierda hispanófoba siguió en gran parte presente; cambiaron los posicionamientos respecto a Estados Unidos, pero no necesariamente respecto a España.

En esta reconciliación desempeñó un papel importante el proceso de revalorización de lo «latino», adjetivo preferido de manera general por los sectores liberales al de «español» o «hispánico», como civilización alternativa a la anglosajona. Fue también un proceso complejo en el que, a diferencia de lo ocurrido en Europa, donde la derrota de España fue interpretada como un episodio más de la decadencia de las razas latinas, la victoria de Estados Unidos tendió a ser vista como el triunfo de la barbarie frente a la civilización. Ésta fue ya la interpretación de Roque Sáenz Peña en el ya citado mitin del 2 de mayo de 1898 en el teatro Victoria de Buenos Aires, cargado, como ya se ha dicho, de significado latinista. La guerra de Cuba era una guerra civil, «una cuestión de familia», en la que Estados Unidos no tenía ningún derecho a intervenir, y al hacerlo transgredía todas las normas del ordenamiento jurídico internacional, símbolo por excelencia de la civilización contemporánea.

Dicho argumento suponía leer la casi segura victoria de Estados Unidos no en clave del avance inexorable de la civilización, sino de crisis de ésta. Por primera vez en casi un siglo de vida independiente, desde la perspectiva de los liberales —porque desde la de los conservadores siempre había sido así— España representaba la civilización y Estados Unidos la barbarie. La victoria de estos últimos era el «triunfo de Calibán», el caníbal símbolo del salvajismo, al que se referirá Rubén Darío en un artículo publicado en el periódico bonaerense *El Tiempo* el 20 de mayo de 1898, reproducido unos meses después, ya consumada la derrota —muestra de su eco en el conjunto del continente—, en la revista *El Cojo Ilustrado* de Caracas. El mismo Rubén Darío, que en los inicios de la guerra había mostrado su apoyo a los rebeldes cubanos y su oposición a una España símbolo de la barbarie y la Inquisición, contraponía ahora un Estados Unidos de «comedores de carne cruda, herreros bestiales, habitadores de casas de mastodontes», calibanes cuyo único ideal «está circunscrito a la bolsa y a la fábrica», a una España que no era ya «el fanático curial, ni el pedantón, ni el dómine infeliz, desdeñoso de la América que no conoce», sino una que se llamaba «Hidalguía, Ideal,

Nobleza [...] Cervantes, Quevedo, Góngora [...] la Hija de Roma, la Hermana de Francia, la Madre de América».

Son argumentos que el uruguayo José Enrique Rodó llevará a sus últimas consecuencias en *Ariel*, publicado dos años después del 98 y que no se entiende sin los debates originados en torno al conflicto hispano-norteamericano y la derrota de España. El libro se convertiría en bandera de una generación —«el pensador de nuestros nuevos tiempos», calificó a su autor Rubén Darío en un artículo de 1916— y su argumento se centra en la oposición entre Ariel, símbolo de la cultura latina, y Calibán, de la anglosajona, con una reivindicación de los valores de la primera («Ariel triunfante, significa idealidad y orden en la vida, noble inspiración en el pensamiento, desinterés en moral, buen gusto en arte, heroísmo en la acción, delicadeza en las costumbres») frente al «utilitarismo sin espíritu» de la segunda.

La compleja relación de amor-odio que los países hispanoamericanos habían mantenido con la antigua metrópoli derivaba hacia un proceso de reconciliación en que España no representaba ya el atraso y la barbarie, sino la civilización. El 98 actuó en este sentido como auténtico catalizador de un sentimiento de superioridad moral en el que las naciones hispanoamericanas se reconocían como hijas y continuadoras de una civilización distinta de la anglosajona y que hundía sus raíces en la tradición hispánica. Constituyó uno de los grandes momentos del hispanismo en América, con su culminación en las celebraciones de 1910 con motivo de los centenarios de la independencia, en las que paradójicamente, ya que lo que se estaba celebrando era la separación de España, lo que se escenificó, desde México hasta Argentina, fue el reencuentro con la antigua madre patria, y representó asimismo el origen de la hispanofilia civilizatoria de autores como los ya citados Rodó o Rubén Darío, pero también de otros como el mexicano José Vasconcelos, el chileno Nicolás Palacio o el argentino Manuel Ugarte.

Esta reconciliación de las sociedades latinoamericanas con el pasado español tampoco debe ser entendida como consecuencia sólo del 98, sino como la culminación de un cambio que se venía gestando en todas ellas desde aproximadamente los inicios del último cuarto del siglo XIX, cuando incluso autores declaradamente hispanófobos, caso del argentino Sarmiento, empezaron a corregir sus visiones negativas sobre el pasado español en favor de otras mucho más matizadas. Tuvo de hecho uno de sus grandes momentos unos años antes del Desastre, con la celebración en 1892 del Cuarto Centenario del Descubrimiento de América, ya con un marcado tono de conmemoración panhispanista, aunque con resultados todavía ambiguos.

El Desastre, en todo caso, no hizo sino acelerar esta reconciliación con el pasado español, dando origen a uno de los momentos más hispanófilos de la historia del continente, con la reivindicación de lo español como seña de identidad y base de las culturas nacionales americanas (el «somos en el fondo españoles» de Manuel Gálvez en *El solar de la raza*, publicado en 1913). Afectó a los más diversos países del continente: México, con los jóvenes agrupados en el Ateneo de la Juventud (Alfonso Reyes, Pedro Henríquez Ureña, José Vasconcelos...); Perú, con la generación del novecientos o arielistas (Francisco García Calderón, José de la Riva Agüero, Víctor Andrés Belaúnde...); Argentina, con la generación del novecientos (Manuel Gálvez, Ricardo Rojas...); Uruguay, con José Enrique Rodó, y así un largo etcétera. Todos ellos hacen una reivindicación explícita de lo español, que a veces se confunde con lo latino, como fundamento de nacionalidad de las repúblicas americanas.

Hay en el fondo de este redescubrimiento de lo español algo muy parecido a la voluntad de la generación del 98 de redescubrir una España distinta a la que sus antecesores les habían contado, y también la misma voluntad de regeneración; algo así como la búsqueda de la identidad perdida para recuperar el camino que nunca se tendría que haber abandonado. Algunos de estos autores, no todos, fueron plenamente conscientes de esa cercanía. «El pequeño grupo que formamos aquí, ejerce una misión semejante a la que tuvo en España aquella generación de ideólogos que surgió después del Desastre», afirmará Manuel Gálvez, citando a continuación a Ganivet, Macías Picavea, Costa y Unamuno.

En el caso de Gálvez, y también de otros muchos, este regeneracionismo tiene un fuerte componente de reivindicación hispanista, como reflejan, ya desde el título, sus poesías «Canto a la raza» o «Canto a España». Esta última fue premiada en los Juegos Florales de Lima de 1909 y publicada casi de inmediato en las revistas *España y América* y *Unión Iberoamericana*, con versos de tan clara raigambre hispanista como:

> *Yo canto la hidalguía de mi raza grandiosa [...]*
> *Yo recibí el legado de su sangre gloriosa*
> *y entre mi sangre nueva tendrá que florecer [...]*
> *Que en estos mundos tristes donde rondó tu ensueño*
> *conservando tu historia sepamos persistir [...]*
> *¡Y que tú, Madre España, nos brindes energía*
> *y nos des tu arrogancia para hacer y durar [...]!*

Sin embargo, esta reconciliación estuvo llena de ambigüedades, ya que las primeras décadas del siglo XX fueron también, en varios países del continente, las del redescubrimiento de lo indígena como parte del ser nacional. En América, el indigenismo y el hispanismo han tendido a ser siempre enemigos irreconciliables, el uno como negación del otro, una incompatibilidad que tiene que ver con conflictos raciales —indios/blancos— y sociales —clases bajas/clases altas—, pero también culturales y de interpretación histórica. Mientras que el hispanismo se basa en una reivindicación de la cultura española, lo cual en última instancia significa que también de la conquista y la colonia como parte de la historia nacional, el indigenismo no sólo conlleva un rechazo de la primera, sino también la exclusión de los tres siglos virreinales como algo ajeno a la historia de la nación.

Fue una ambigüedad presente de manera particularmente clara en el caso de México, cuya revolución de 1910 tuvo un claro sesgo indigenista y, como tal, hispanófobo, lo que no impidió la —declamada más que declarada— hispanofilia de un personaje clave en la institucionalización revolucionaria como José Vasconcelos, para quien la conquista y la colonia constituían el verdadero fundamento de la nacionalidad mexicana y la cultura hispánica, la parte más íntima del ser de México, aquello a lo que la nación debía ser fiel para continuar siendo ella misma.

En cualquier caso, estuvo presente también en otras partes del continente e incluso en un mismo personaje. Es el caso de Ricardo Palma, el escritor romántico peruano, quien a lo largo de su vida osciló entre afirmaciones hispanófilas e hispanófobas, y que en una carta de 1900, a pesar de sus explícitas proclamas de solidaridad con España, retoma todos los tópicos de la visión más negra del pasado colonial:

> Lo único que los americanos podemos agradecer a España es su idioma. Fue lo único bueno que nos trajeron. En cambio de

ese único bien, nos trajeron un cardumen de frailes viciosos, de jesuitas y de inquisidores, supersticiones, milagros y fanatismo; y, en vez de consagrar a los indios en obras de irrigación y mejoramiento de caminos, los emplearon en fabricar iglesias y conventos, en trabajar como bestias en la explotación de minas, y para acabar de hundir a la pobre raza conquistada, nos trajeron el aguardiente, el alcohol embrutecedor.

La reconciliación, obviamente, resultó mucho más compleja en el caso cubano. Revelador a este respecto es que, en la gira de conferencias que llevó a cabo entre finales de 1909 y principios de 1910 con motivo de las conmemoraciones de los centenarios de la independencia, la propuesta de Rafael Altamira de crear una especie de panhispanismo orgánico, cercano en cierta medida a los contemporáneos pangermanismo y paneslavismo, fuera recibida con general beneplácito en todos los países que visitó (Argentina, México, Perú, etc.) con la única excepción de Cuba, donde el influyente Fernando Ortiz rechazó de manera tajante el planteamiento del catedrático de la Universidad de Oviedo, acusándole de buscar algo parecido a la reconquista española de América. El título con el que recopiló sus artículos no deja muchas dudas al respecto: *La reconquista de América. Reflexiones sobre el panhispanismo.*

El 98 no sólo cambió la mirada de los americanos hacia España, sino también la de los españoles hacia América, al menos la de sus élites intelectuales, que por primera vez se vieron obligadas a reflexionar sobre el lugar de América en la definición de España. Una vez perdidos los últimos restos del imperio colonial, América dejaba de ser sólo el escenario de las glorias imperiales españolas, que es a lo que el pensamiento decimonónico español había reducido a los antiguos territorios americanos de la monarquía católica, para ser imaginada como parte fundamental de una cultura compartida a uno y otro lado del Atlántico.

Una de las primeras obras en transitar por este nuevo camino fue *Idearium español*, de Ángel Ganivet, publicada en 1897. En ella, un año antes del Desastre, se plantea la necesidad de una confederación intelectual, no política, de todos los estados hispanoamericanos para contrarrestar la expansión anglosajona. Es un camino que seguirán posteriormente, de forma más articulada, Rafael María de Labra y Rafael Altamira, quienes trazarán las líneas de lo que creían que debía ser una política de revitalización de las relaciones con América capaz de sacar a España de su aislamiento e irrelevancia internacional.

El que llegó más lejos en estos planteamientos, y el de mayor influencia, fue el hoy relativamente olvidado Rafael Altamira, principal impulsor y divulgador de este nuevo hispanoamericanismo posnoventayochista, proyecto para el que contó, a pesar de su condición de republicano, con el apoyo personal del rey Alfonso XIII. Ya en octubre de 1898, con las heridas de la derrota, según su propia expresión, «sangrando todavía», inauguró el curso académico en la Universidad de Oviedo con una llamada a la recuperación de las relaciones con América que permitiera desplazar las influencias de culturas extrañas y ajenas a la raza española:

> Sangrando todavía las inmensas heridas de las guerras en tierras hispanoamericanas, hay que elevar la voz en defensa de una auténtica solidaridad con aquellos países, hijos de España, esperanza que, de realizarse, nos permitirá ver en poco tiempo cómo termina la tutela —en muchos aspectos peligrosa— que el pensamiento francés, el norteamericano y otros heterogé-

neos con el de nuestra raza ejercen sobre el espíritu hispanoamericano.

Altamira dedicaría a esta labor buena parte del resto de su vida académica y política. Formado en la tradición del organicismo cultural alemán, defenderá, con argumentos muy parecidos a los de los contemporáneos movimientos pangermanista y paneslavista, la existencia de una comunidad de pueblos hispánicos por encima de las coyunturales divisiones políticas («España es América» y «América es España»; *Mi viaje a América*, 1911). Dicha identidad común hispanoamericana, según él, era evidente en las formas y modos de vida, pero los prejuicios de las sociedades americanas respecto a España les impedían ver.

El primer objetivo debía ser acabar con esta herencia envenenada de una historia mal escrita y peor enseñada, para lo cual se embarcó en una ambiciosa —y sin precedentes en la historiografía española— labor de reescritura de la historia de la época de la colonia, a partir de la idea de que la conquista había sido favorable para el progreso de la civilización y de que la obra de España en América había sido positiva. Se trataba no sólo de defender «la obra útil, civilizadora, tanto en el orden material como en el espiritual, que realizaron los españoles en su contacto con las nuevas tierras descubiertas del lado del Atlántico y del Pacífico» (*La huella de España en América*, 1924), sino de recuperar el orgullo de los descendientes de quienes la habían llevado a cabo, que eran tanto los americanos como los españoles. Había llegado la hora de cuestionar la leyenda negra anglosajona, comenzando por una reevaluación de la obra del padre Las Casas, que a pesar de lo que tenía de «altamente simpática y humana» estaba llena de falsedades y exageraciones. Se trataba, según sus propias palabras en *Psicología del pueblo español* (1902), de «restaurar el crédito de nuestra historia, para devolver al pueblo español la fe en sus cualidades nativas y en su aptitud para la vida civilizada, y aprovechar todos los elementos útiles que ofrecen nuestra ciencia y nuestra conducta de otros tiempos». Constituía un proyecto que era claramente regenerador pero que, a diferencia de otros regeneracionistas —y el matiz es importante—, incluía tanto a España como a su extensión americana; se trataba de la regeneración de toda una raza y no sólo de uno de los estados en que se encontraba artificialmente dividida.

El programa de Altamira culminaría en la gira de conferencias que, organizada por la Universidad de Oviedo, realizó por Argentina, Uruguay, Chile, Perú, México y Cuba entre julio de 1909 y marzo de 1910, a las puertas ya de las celebraciones en varios de estos países (Argentina, Chile y México) del centenario de su independencia de España. Su éxito, ya fuese consecuencia del nuevo espíritu de reivindicación de la herencia hispánica en el que tuvieron lugar las conmemoraciones del centenario, de la generalización de la imagen de Estados Unidos como el gran enemigo frente a la imagen positiva anterior o del atractivo del nuevo hispanoamericanismo español representado por Altamira, superó todas las expectativas, tanto en América como en España. Iniciada de manera discreta, los periódicos españoles empezaron poco a poco a ocuparse de ella, y para cuando el catedrático ovetense regresó a España fue recibido por multitudes que vitoreaban su nombre en todos los lugares por los que pasó. Las alabanzas de la prensa fueron generalizadas, y los círculos políticos —incluida, como ya se ha dicho, la propia Corona— mostraron su interés por un discurso panhispanista, liberal e integrador, que había logrado seducir a las élites políticas e intelectuales hispanoamericanas, desde Argentina hasta México. Los resultados fueron sin embargo bastante efímeros, y este hispanoamericanismo regeneracionista acabó cayendo en la misma retórica vacía del hispanismo tradicional.

Esta nueva visión sobre América incluyó también una reevaluación geoestratégica. Hasta la crisis del 98, y durante casi un siglo, el eje de la política española en América había sido México, que unía a su importancia geoestratégica, por su cercanía con Cuba y su condición de frontera con Estados Unidos, la presencia de una colonia española no muy numerosa pero sí muy influyente y, recuerdo de su fabuloso pasado virreinal, la imagen de ser el país más rico de todo el continente. Una vez perdidas las últimas colonias caribeñas este lugar pasó a ser ocupado por Argentina, que a haberse convertido, con una diferencia abismal, en el mayor receptor del mundo de emigrantes españoles unía el prestigio de su riqueza y desarrollo económico. Nada reflejó mejor este cambio que el nivel de las delegaciones enviadas a ambos países con motivo de las celebraciones del centenario de la independencia en 1910: la que se mandó al primero la presidía el general Polavieja, que unía a su prestigio político-militar la condición de nieto de un antiguo miembro de la Audiencia de México en la época virreinal; la enviada al segundo, un miembro de la familia real, la popular infanta Isabel.

La de Argentina como ejemplo del progreso y el desarrollo económico que la raza española podía lograr era una idea presente en la mayoría de los intelectuales españoles que visitaron el país en torno a esos años. Adolfo González Posada, continuador en gran parte del proyecto de Altamira, fue enviado en 1911 por la Junta para Ampliación de Estudios e Investigaciones Científicas en un viaje cuyos objetivos, tras el primer contacto de Altamira, eran más prácticos, de intercambio académico entre las universidades de uno y otro lado del Atlántico. El viaje incluyó estancias en Argentina, Chile, Paraguay y Uruguay, pero fue el primero de estos países, en especial su Universidad de La Plata, el que más llamó la atención del catedrático español. El éxito de Argentina era indiscutible y se debía a que habían sabido adaptar el carácter de la raza española a las necesidades de la modernidad. España, y esto era una novedad absoluta, dejaba de ser necesariamente la cabeza y guía de las naciones hispánicas que el panhispanismo anterior siempre la había considerado. Ahora, un poco a la manera de Estados Unidos con respecto al mundo anglosajón, parecía que Argentina podía asumir ese papel.

El riesgo era que ese acelerado proceso de modernización acabase alejando a Argentina de su raíz hispánica, un peligro que se veía agravado por la masiva presencia de inmigrantes de otras razas, italianos principalmente (afloran aquí una vez más las complejas relaciones del hispanoamericanismo con el latinismo, aliado en unas ocasiones y enemigo en otras). Esta preocupación, como todas las que tenían que ver con este nuevo hispanoamericanismo, no fue exclusiva de las élites españolas, sino que la tuvieron sobre todo las americanas, argentinas en este caso, como reflejan, por ejemplo, los escritos contemporáneos de Ricardo Rojas o Manuel Gálvez, quienes abogaron por la recuperación de la herencia española, todavía viva en la provincia pero amenazada en el Buenos Aires de las grandes masas de inmigrantes, como una manera de afirmar la identidad nacional argentina. Eran influencias extrañas que Blasco Ibáñez, otro más de los muchos españoles fascinados por la modernidad argentina, intentó paliar con la fundación de colonias de españoles, Nueva Valencia en Corrientes y Cervantes en Río Negro, con el «principal objeto», como él mismo explicaba en una carta de 1911, de «resucitar y mantener la legítima influencia del alma española en este progresivo país, tan solicitado por los extranjeros».

Junto con esta nueva mirada de fraternidad hispanoamericana hubo también otra, minoritaria pero no por ello carente de interés, que abogó por una ruptura radical con el pasado imperial en su conjunto (América como parte de una España que había dejado de existir). Fue la que defendió, en la reunión extraordinaria de la Cámara Agrícola del Alto Aragón que tuvo lugar en Barbastro el 13 de noviembre de 1898, Joaquín Costa, según el cual los países latinoamericanos estaban condenados «a desgranarse rápidamente para ir a caer grano a grano en las ávidas fauces del sajón». La raza española, en el sentido de civilización que tradicionalmente le había dado el pensamiento español, era una raza muerta, parte de un pasado que ya no se podía resucitar. En palabras otra vez de Costa, en una carta a Rafael Altamira sobre sus proyectos panhispanistas (1903): «En sus optimismos no comulgo: tengo a la raza (de aquí y de ultramar) por definitivamente condenada a la suerte de Egipto, de Roma...; por excluida de la historia. A la raza, digo, no al español, ni al argentino, ni al boliviano, etc.». Era una especie de epitafio al conjunto de la civilización española.

5

EL 98 Y LA CRISIS DEL RELATO DE NACIÓN ESPAÑOL

El 16 de agosto de 1898, consumada ya la derrota, Francisco Silvela publicó en el diario madrileño *El Tiempo* su célebre «España sin pulso», ya citado en estas páginas, una pintura del paisaje después de la batalla en la que el autor ajustaba cuentas sobre el significado de una derrota que para él, como para muchos españoles de la época, había sido mucho más que una debacle militar. «Se hace la paz, la razón la aconseja, los hombres de sereno juicio no la discuten; pero ella significa nuestro vencimiento, la expulsión de nuestra bandera de las tierras que descubrimos y conquistamos.»

El lamento, en esta especie de elegía mortuoria que es «España sin pulso», no era tanto por la pérdida de las riquezas de ultramar como por «la expulsión de nuestra bandera de las tierras que descubrimos y conquistamos», por el vergonzoso punto final a una epopeya que el relato de nación español había convertido en el eje del protagonismo de España en el mundo. Silvela veía la derrota como la expresión de una decadencia que echaba por tierra aquello que representaba el culmen de las aportaciones de la nación española a la historia de la humanidad.

Nada ejemplificó mejor este sentimiento de fin de la historia que la entrada en el puerto de Cádiz, el 16 de enero de 1899, del crucero *Conde de Venadito* con los restos de Cristóbal Colón, transportados desde La Habana para su entierro en la catedral de Sevilla. Con ese viaje se cerraba el círculo del iniciado cuatrocientos años antes por la *Santa María*, pero surgían nuevas dudas sobre el conjunto del relato de nación español decimonónico, con el carácter imperial y guerrero de España como rasgo de identidad determinante. Según el relato premiosamente construido a lo largo de todo el siglo XIX, esa nación de guerreros y conquistadores había dejado su huella inmortal en todos los rincones del planeta, pero la derrota y la forma en que se había producido cuestionaban de forma radical dicha realidad. Nada quedaba del imperio ni del supuesto valor español.

La derrota frente a Estados Unidos afectaba al presente y al futuro, pero también al pasado. En palabras de un periódico de provincias (*La Rioja* de Logroño, 20 de enero de 1899), que comentaba precisamente la llegada de los restos de Colón, ello planteaba la duda de que todo hubiese sido sólo una quimera: «Bien se puede suponer que todo eso [el imperio iniciado por Colón] no fue nada más que un sueño, una pesadilla de un minuto»; la duda de si la nación española imaginada por el liberalismo decimonónico había sido únicamente una fábula y de si España existía siquiera.

La crisis cultural, de identidad nacional, en la que desembocó fue tan profunda que ha llevado a un autor como Gustavo Bueno (*España frente a Europa*, 1999) a mantener que el Desastre del 98 habría invalidado una identidad española tradicional, basada en la noción de «imperio», sin ser capaz de sustituirla por otra; una afirmación discutible por lo que se refiere al punto de partida pero no al de llegada. En el 98 está el origen, y es probable que también las causas, de muchos de los problemas del proceso de construcción nacional español y de su aparente fracaso. No se trataría, sin embargo, de la crisis de una identidad española tradicional, sino de la construida por el liberalismo decimonónico; sería una crisis de modernidad, no de tradición, en la que efectivamente la noción de «imperio» desempeñaba un papel determinante. La cultura decimonónica, no sólo la española, mostró una capacidad casi delirante para inventar tradiciones cuyo origen se perdía en la noche de los tiempos, la mayoría de las cuales, sin embargo, eran ficciones construidas por la propia historiografía. Una de ellas era la del carácter imperial de la nación española, al confundir un Estado imperio del Antiguo Régimen con el Estado nación que decidió erigirse en su heredero y continuador y cuya condición imperial resultaba en realidad bastante marginal. El liberalismo español, como muchos otros liberalismos, y en abierta contradicción con el carácter revolucionario y de ruptura con el pasado que enarboló como bandera, tuvo una fuerte pulsión historicista, de resurrección de una nación intemporal, uno de cuyos grandes momentos habría sido el descubrimiento y la conquista de América, obra ambos de la monarquía católica y no de la nación española.

La noción de «imperio» no es por tanto tradicional, sino una invención decimonónica o, como mucho, de las últimas décadas del siglo XVIII. Cuando en los círculos cortesanos de la monarquía católica se discutía sobre el concepto de «imperio», sus claves no eran las de una nación española dueña de un imperio, sino las de una estructura política distinta. A nadie, por ejemplo, se le ocurrió celebrar el Primer, Segundo o Tercer Centenario del Descubrimiento de América, central en esa noción de «imperio», como rememoración de una de las glorias de la nación española, «la gloria» si consideramos que el 12 de octubre, fecha de la llegada de Cristóbal Colón a América, fue elegido como el día de la fiesta nacional. Formaba parte de las glorias de la monarquía, no de la nación. Sí que se conmemoró, sin embargo, el Cuarto Centenario, en 1892, una vez que la idea del carácter imperial de España había sido forjada como rasgo de identidad nacional.

Es indiscutible, por el contrario, la afirmación de Gustavo Bueno por lo que se refiere al punto de llegada, la dificultad para sustituir el relato de nación decimonónico, con el carácter imperial de la nación española como uno de sus ejes, por otro alternativo a partir del momento en que el imperio dejó de existir. Es algo que constituye el origen de la mayoría, si no todos, de los conflictos indentitarios españoles del siglo XX y lo que llevamos del XXI.

El verdadero problema del 98, al margen de los análisis sobre lo realmente ocurrido y sobre sus consecuencias económicas, sociales o políticas, podría resumirse en la pregunta de por qué la pérdida de un continente pasó casi desapercibida, sin apenas dejar huellas en el imaginario colectivo, y la de un puñado de islas se convirtió en el Desastre, el único en mayúsculas de la historia española contemporánea. La respuesta a esta pregunta tiene que ver con uno de los procesos más complejos del nacimiento del mundo contemporáneo, el de la construcción de los estados nación que desplazaron y sustituyeron a los estados monárquicos anteriores, no sólo como forma de organización política, sino como manera de imaginar y sentir el mundo. Dicho proceso contó con dos variables: una relativamente fácil, la de la construcción del Estado, que tanto en el caso de los que son una continuación de estructuras monárquicas anteriores, caso del español, como los construidos *ex novo*, caso de las demás repúblicas nacidas de la disgregación imperial hispánica, puede reducirse a un problema de racionalidad ideológico-administrativa, y otra, mucho más difícil de estudiar, describir y hasta entender, la de la construcción de la nación, que pone en juego todos los resortes afectivo-simbólicos de una sociedad, no sólo —es posible que ni siquiera de manera prioritaria— los de los intereses y la racionalidad funcional.

Las naciones, en contra de lo que afirma el pensamiento nacionalista, no son realidades objetivas e intemporales, sino construcciones imaginarias de origen relativamente reciente. En el momento de las independencias americanas no existía la nación española; lo que había era una monarquía de marcado carácter anacional, que apenas acababa de iniciar el largo y azaroso proceso de su conversión en nación; en el de la pérdida de Cuba, Puerto Rico, Filipinas y demás islas del Pacífico, la nación española era ya una realidad para amplios grupos de españoles.

La diferencia entre lo ocurrido en las primeras décadas y en la última del siglo XIX es que el continente lo perdió la monarquía, y las islas, la nación española (o, si se prefiere, el primero el rey y las segundas los españoles). Se trata de una afirmación complicada que supone aceptar, por un lado, que en 1824 no existía una nación española tal como hoy la conocemos ni, por tanto, un sentimiento de identidad nacional extendido entre la mayoría de los habitantes de los reinos europeos de la monarquía, y, por otro, que el proceso de nacionalización español decimonónico había sido tan exitoso como para que a finales del siglo XIX el sentimiento de pertenencia nacional, y por consiguiente de existencia de una nación española como sujeto político pero también emotivo, fuese ya hegemónico entre la mayoría de la población.

En los años que van de la derrota de Ayacucho (1824) a la de Santiago de Cuba (1898), según esta interpretación, se habría llevado a cabo un proceso de nacionalización suficientemente exitoso como para que la existencia de una nación llamada «España», no operativa para la mayoría de los españoles en la primera fecha, fuese ya una realidad indiscutible para muchos de ellos en la segunda, lo que les llevó a considerar las pérdidas de la nación como suyas y la derrota frente a Estados Unidos como «su» derrota.

DE LA MONARQUÍA CATÓLICA A LA NACIÓN ESPAÑOLA

No parece que haya mucho que discutir sobre la existencia o inexistencia de una nación española, tal como hoy se entiende y extendida a amplias capas de la población, en las primeras décadas del siglo XIX. Al margen de la enfática, y en gran parte también extemporánea, afirmación de los constituyentes gaditanos en 1812 sobre una nación española en cuyo nombre no se elabora una constitución y de la que se afirma que no es propiedad de ninguna familia ni persona —aparentemente un claro rechazo de la noción de monarquía—, la nación de la que se habla en Cádiz es poco más que el intento, fracasado, de convertir el conglomerado de coronas, reinos y señoríos que constituían la antigua monarquía en una nación política de tipo moderno.

El título de la Constitución de Cádiz no es, de hecho, «Constitución política de la nación española» (o «de España»), sino «Constitución política de la monarquía española». El sujeto sigue siendo la monarquía y no la nación, y lo seguirá siendo durante buena parte del siglo XIX. La primera de las constituciones españolas cuyo título es «Constitución de la nación española», y no «de la monarquía española», es la de 1869, aunque la de 1876 recupera el de «Constitución de la monarquía española».

La gaditana no es, como tantas veces se ha dicho, la primera Constitución española, sino la primera y la última de la monarquía católica. La primera porque, como habían visto ya los ilustrados del siglo XVIII, con Jovellanos a la cabeza, no había una Constitución histórica de la monarquía, y la última porque la nación de la que se habla en Cádiz no es la española actual, sino una constituida por el conjunto de habitantes de los distintos reinos y señoríos de la monarquía, así como —aunque esto se diga menos dada la irrelevancia política del término— por las múltiples naciones que convivían en ella, en sus reinos tanto europeos como americanos.

Dicho proyecto, el del tránsito de una monarquía de Antiguo Régimen a un Estado nación contemporáneo, se vio abortado cuando apenas había nacido y fue uno de los más extraños de toda la historia política del mundo contemporáneo. Naciones que se han convertido o han querido convertirse en imperios ha habido muchas; imperios que han buscado convertirse en naciones, muy pocos, casi ninguno.

No sólo no existía en 1812, sino que tampoco lo hizo durante las décadas siguientes, algo que en 1839, en un artículo publicado en la *Revista de Madrid,* reconoció con absoluta naturalidad Antonio Alcalá Galiano con su afirmación de que el objetivo de los liberales españoles seguía siendo «hacer la nación española, una nación que ni lo es, ni lo ha sido hasta ahora». Y quien lo dijo era un antiguo liberal que, aunque no llegó a participar en los debates constitucionales —fue diputado en el Trienio Liberal pero no en Cádiz—, formó parte de la generación de aquellos que habían elaborado una constitución en nombre de la nación española; una nación que más de veinte años después afirmará que ni lo es ni lo ha sido, reconocimiento explícito de que la Constitución de Cádiz se había hecho en nombre de una nación española existente sólo en el pensamiento de algunos diputados y miembros de la élite política de la antigua monarquía, no en el de la mayoría de la población, a uno y otro lado del Atlántico.

Y esto nos lleva a la segunda pregunta, la de si esta nación existía ya en 1898. Es decir, la de si poco menos de un siglo después una parte relevante de los grupos sociales habían sufrido un proceso nacionalizador suficientemente intenso como para haber interiorizado su pertenencia a una comunidad de tipo nacional. A principios de la década de 1990 el historiador catalán Borja de Riquer argumentó que no, que el proceso de construcción nacional de la España decimonónica había sido un fracaso y que de aquellos polvos (el fracaso de dicho proceso), estos lodos (el éxito de los nacionalismos periféricos españoles).

La diferencia entre España y la mayoría de los demás estados nación europeos habría sido la débil nacionalización española. Es una afirmación que dio lugar a un interesante e intenso debate historiográfico de casi tres lustros, uno de esos debates que sólo interesan a los historiadores y de los que el gran público raramente se entera, pero que acaban introduciendo cambios importantes en la forma en que se interpretan determinados hechos del pasado. Algunas de las principales conclusiones podrían resumirse en que ni la nacionalización española fue tan débil ni tan tardía, ni, sobre todo, dado que no se trata de variaciones absolutas sino relativas, las diferencias con respecto a los demás países europeos pueden considerarse relevantes o significativas. La supuesta débil nacionalización española decimonónica sería, como la mayoría de las excepcionalidades históricas, un mito historiográfico.

El proceso de construcción nacional español decimonónico habría sido igual de exitoso que el de los demás países del mundo euroamericano hasta justo 1898. No hubo, antes de finales del siglo XIX, apenas diferencias cronológicas ni cualitativas entre el proceso de construcción nacional español y los del resto de los estados nación de su área geográfico-cultural. No existía una nación española —o, para ser precisos, no existía entre la mayor parte de la población, aunque sí en pequeños grupos vinculados a las élites políticas y culturales— en el momento de las independencias de los territorios continentales americanos, pero sí en el de la pérdida de los territorios insulares del Caribe y el Pacífico.

El proceso de construcción nacional español, como todos los del resto de su entorno, hunde sus raíces en los procesos de modernización política de la segunda mitad del siglo XVIII, con la particularidad de que desde el principio tuvo que enfrentarse al problema de qué hacer con los reinos americanos de la monarquía, si asimilarlos como parte de la nación española o convertirlos en colonias al servicio de la metrópoli. Fue un dilema al que no tuvieron que hacer frente el resto de las monarquías europeas de la época, entre otros motivos porque ninguna de ellas llegaría a depender tanto de sus posesiones de ultramar como la española.

Ese dilema, el de qué hacer con los territorios americanos, estuvo siempre presente, pero se intensificó a partir de la instauración de los Borbones en el trono de Madrid, cuando la pérdida de todos sus territorios europeos, salvo los de la península Ibérica y Baleares, hizo de la monarquía una potencia mucho más americana de lo que anteriormente había sido (más americana que europea en realidad y también, por cierto, mucho más «española»). La mayor parte de los recursos que permitieron a la monarquía católica seguir desempeñando un papel de gran potencia en el escenario internacional tras las pérdidas territoriales de la Paz de Utrecht fueron de origen americano, no europeo. Es en este sentido en el que se puede afirmar que durante la mayor parte del siglo XVIII fue una organización política más americana de lo que lo había sido antes y de lo que ninguna de sus rivales europeas llegaría a serlo jamás.

La Constitución de Cádiz de 1812, que con su afirmación de que la soberanía reside en la nación marca de forma abrupta la irrupción de ésta como problema político en el mundo hispánico, apuesta por considerar a los reinos americanos como parte de la nación española, «parte integrante y esencial de la monarquía española», unos reinos a los que les correspondían «los mismos derechos y prerrogativas que a la metrópoli». Se trata de la habitual confusión entre monarquía y nación de los debates gaditanos, en los que, de manera general, da la impresión de que ambos términos eran casi sinónimos e intercambiables.

Al margen de la tautológica definición de que era «la reunión de los españoles de ambos hemisferios», ninguno de los diputados gaditanos parecía saber muy bien en qué consistía esa nación española, por lo que acabaron definiéndola como la suma de los reinos, provincias y señoríos que habían constituido la antigua monarquía. Es lo que atestigua la premiosa enumeración de territorios del título II, capítulo I, de la Carta Magna («Del territorio de las Españas»), en el que, al margen de este sorprendente plural —¿había una sola nación española o varias Españas?—, siguen figurando todos los reinos y señoríos de la antigua monarquía, sólo que despojados del calificativo de «reino», «señorío» o «virreinato»: el «reino de Jaén» pasa a ser «Jaén»; el «señorío de Molina de Aragón», «Molina»; el «virreinato del Río de la Plata», «provincias del Río de la Plata», y así sucesivamente.

La evolución posterior de las guerras civiles americanas —denominación sin duda más apropiada que la de «guerras de independencia»—, con la emancipación de todos los territorios continentales de lo que habían sido los reinos americanos de la monarquía, llevó a una definición restrictiva de la nación española, reducida a los restos de sus reinos y señoríos europeos más las islas Canarias. Cuba y Puerto Rico —el estatus de Filipinas y las demás islas del Pacífico fue siempre mucho menos preciso, a pesar de ser oficialmente declaradas parte de la nación española en las distintas constituciones posteriores a la gaditana— pasaron a ser gobernadas como colonias.

Esta nueva situación comenzó a definirse, desde el mismo momento en que se produjo la disgregación imperial, con las facultades extraordinarias concedidas a los gobernadores y capitanes generales de Cuba y Filipinas en virtud de la Real Orden de 28 de mayo de 1825, que disfrutarían de competencias que iban más allá de lo político y lo militar para incluir aspectos jurídicos, culturales y religiosos. Sucesivas leyes y ordenanzas ampliarían todavía más dicha concentración de poder, hasta convertirlos en una especie de virreyes con poderes omnímodos y hasta cierto punto autónomos de la propia metrópoli.

Esta excepcionalidad fue reafirmada, ya después del fin del absolutismo, por la Constitución de 1837 al establecer en su segundo artículo adicional que «las provincias de ultramar serán gobernadas por leyes especiales». Quedaban así estos territorios, a diferencia de lo establecido en la Constitución de 1812 y mantenido por el Estatuto Real de 1834, desgajados de la administración común del resto de las provincias de la nación. Estas leyes especiales nunca fueron promulgadas y, en la práctica, significaron la exclusión del derecho de representación en Cortes y, a raíz de la ausencia de ayuntamientos y diputaciones provinciales democráticos, la continuidad del poder directo de la Corona a través de los capitanes generales.

El gobierno de las provincias de ultramar, continuando las tendencias de las últimas décadas de existencia de la monarquía católica, adquirió un marcado carácter militar; el poder de los capitanes generales derivaba de su condición de jefes militares, no de representantes del rey, y la falta de contrapesos civiles, una vez desaparecida la antigua audiencia y sin un marco legislativo local, hizo que su poder fuese prácticamente omnímodo. La vieja discusión sobre el estatus de los territorios americanos de la monarquía, resuelta en Cádiz con su proclamación como parte de la nación española, se zanjó en 1837 con la degradación de los que quedaban a la condición de colonias sometidas, a diferencia de la metrópoli, al poder militar.

Los siguientes textos constitucionales mantuvieron la misma referencia a las leyes especiales para las provincias de ultramar. La única excepción —relativa— en este proceso de reconversión de un imperio de Antiguo Régimen en una nación colonial sería la Constitución de 1869. Ya las Cortes Constituyentes incluyeron un número relativamente amplio de representantes de las provincias de ultramar —de un total de 381 diputados, Cuba eligió dieciocho y Puerto Rico, once—, retomando así la tradición gaditana (aunque hasta cierto punto, ya que Filipinas, que en 1812 también había tenido representación, esta vez fue excluida). Dicho planteamiento fue mantenido por la Constitución emanada de ellas, la de 1869, que en su título X, «De las provincias de ultramar», establecía la revisión del «sistema actual de gobierno de las provincias de ultramar, cuando hayan tomado asiento los diputados de Cuba o Puerto Rico, para hacer extensivos a las mismas, con las modificaciones que se creyeren necesarias, los derechos consignados en la Constitución» (art. 108). Con una redacción ambigua, el artículo diferenciaba a las provincias de ultramar de las de la metrópoli, y el siguiente, el 109, excluía, una vez más, a Filipinas.

Fue sólo un breve paréntesis. La Constitución de 1876, la aún vigente en el momento de la pérdida de las colonias, no sólo volvió a las leyes especiales («Las provincias de ultramar serán gobernadas por leyes especiales»), sino que añadió una forma de representación diferenciada para las posesiones antillanas: «Cuba y Puerto Rico serán representadas en las Cortes del Reino en la forma que determine una ley especial, que podrá ser diversa para cada una de las dos provincias» (art. 89). Filipinas quedaba de nuevo excluida al no considerarse ni siquiera la posibilidad de incluir algún tipo de representación para las provincias de ultramar del Pacífico.

A lo anterior hay que añadir que los reglamentos y las reales órdenes que desarrollaron las normas constitucionales y las Leyes de Indias que conformaban la base del gobierno ultramarino agudizaron esta voluntad autoritaria y centralizadora. Como resumía en 1875 alguien tan poco sospechoso de veleidades independentistas como el cubano Francisco Acosta y Albear, militar en situación de retiro que se reincorporó voluntariamente al ejército español al estallar la guerra de los Diez Años, todo propendía «de una manera directa a consolidar un gran poder autoritario por medio de una absoluta centralización» (*Compendio histórico del pasado y presente de Cuba y de su guerra insurreccional*, 1875).

En resumen, si en 1812 Cuba, Puerto Rico y Filipinas, al igual que el resto de los reinos americanos de la monarquía, fueron considerados parte de la nación, situación todavía mantenida por el Estatuto Real de 1834, a partir de 1837 se les excluyó explícitamente, desde el punto de vista tanto simbólico como jurídico. No eran parte de España sino propiedad de ella. Para Cuba y Puerto Rico —no para Filipinas y las demás islas del Pacífico—, dicha situación sólo se subsanó en 1894, ya a las puertas de la guerra que tendría como resultado su separación absoluta, «un largo espacio de tiempo durante el cual los diputados de Cuba y Puerto Rico no volvieron a ocupar allí [en las Cortes españolas] su asiento» (Rafael María de Labra, *La reforma electoral en las Antillas españolas*, 1891). Con todo, sería necesario matizar estas afirmaciones en el sentido de que sí hubo representación cubana y puertorriqueña en las Cortes, pero sometida a las condiciones de las leyes especiales, que la convirtieron en un cauce únicamente de los intereses de la élite colonial. No era algo demasiado diferente del sistema caciquil imperante en la península, pero con la peculiaridad de que la relación de los caciques coloniales con la vida local era mucho menos estrecha, y por tanto, y a diferencia de los peninsulares, no representaban los intereses locales, sino sólo los de la élite colonial.

La situación comenzó a cambiar, poco a poco, durante la Restauración, cuando los proyectos asimilistas de Cánovas del Castillo, respaldados también hasta 1897 por el Partido Liberal de Sagasta, parecieron imponerse a los basados en la excepcionalidad colonial, hegemónicos hasta ese momento. Entre otras medidas, se amplió a las Antillas la ley electoral de 1878, que, aunque con un sistema censitario más restrictivo que el de la península —se exigían veinticinco pesetas de contribución territorial o cincuenta de subsidio industrial en el caso de ésta frente a las 125, sin distinguir entre uno y otro tipo de contribución, necesarias para ser elector en Cuba, y con la exclusión de los negros—, suponía un primer paso en el ejercicio del derecho al sufragio; se creó en 1878 una Junta de Autoridades que asesoraría al capitán general, lo que suponía, por primera vez, la presencia de elementos civiles en el gobierno de la isla; se dividió Cuba en seis provincias, cada una con su correspondiente diputación provincial y gobernador civil, también en 1878; se instauró la elección de concejales y diputados provinciales en virtud de la ley electoral de ese mismo año, aunque con la diferencia respecto a la península de que éstos no elegían a alcaldes y presidentes de la diputación, sino a la terna a partir de la que el gobernador general los nombraba; se recuperó la representación en Cortes en 1879, y se abolió la esclavitud, primero en Puerto Rico, en 1873, y después en Cuba, en 1880, uno de los aspectos que mayor divergencia generaba entre la sociedad peninsular y la ultramarina, aunque en el caso de Cuba se estableció el llamado Patronato, que permitía la tutela de los esclavos por parte de sus antiguos dueños durante un máximo de ocho años, por lo que su desaparición real no tuvo lugar hasta 1888.

La ambigüedad de la Constitución de 1876, que por un lado establecía leyes especiales para las colonias pero por otro abría la posibilidad de que se extendiesen a ellas las leyes generales («el Gobierno queda autorizado para aplicar a las mismas [las provincias de ultramar], con las modificaciones que juzgue conveniente y dando cuenta a las Cortes, las leyes promulgadas o que se promulguen para la península»; art. 89), permitía tanto la exclusión colonial como la integración nacional. Los gobiernos de la Restauración tendieron, de manera general, a buscar la integración de Cuba y Puerto Rico —la excepción fueron otra vez Filipinas y las islas del Pacífico— en el marco constitucional general como parte de la nación española, aunque no sin vacilaciones y excepciones, como cuando en 1890 se restableció el sufragio universal en la península y tanto los liberales como los conservadores se mostraron de acuerdo en que la ley no fuese extendida a las provincias de ultramar.

El problema era que en ese momento había ya muchos cubanos que no se consideraban parte de la nación española. Para finales del siglo XIX se había ido articulando lo que podríamos definir como un sentimiento de identidad nacional diferenciado, compatible en unos casos con el español pero incompatible en otros. En su desarrollo desempeñaron un papel determinante aspectos políticos —el monopolio de los cargos públicos ejercido por los peninsulares— y económicos —políticas arancelarias contrarias a los intereses insulares—, pero también otros más difíciles de evaluar aunque no menos importantes, como la conciencia sobre la heterogeneidad racial y, derivada de ella, acerca de la necesidad de la articulación revolucionaria de una sociedad en la que la esclavitud pervivió hasta 1886, o sobre el hecho de ser parte de un continente más libre y progresista que la vieja Europa, al lado además de Estados Unidos, el símbolo por excelencia de la modernidad democrática.

Al margen de cuáles fueran sus causas, lo cierto es que al estallar la guerra en 1895 eran muchos los cubanos que habían dejado de sentirse españoles. El título de Ejército Libertador de Cuba con el que se denominaron a sí mismos aquellos que el Gobierno español llamaba «rebeldes», «insurrectos» o «mambises» deja pocas dudas sobre su convencimiento de estar librando una «guerra de liberación nacional» cuyo objetivo era la emancipación de una nación subyugada por otra.

Incluso muchos de los que todavía se seguían considerando españoles pedían ahora un marco jurídico diferenciado, con un Gobierno autónomo y un Parlamento propio, siguiendo el modelo de Canadá en sus relaciones con Reino Unido. El problema no era ya la representación en Madrid, sino la autonomía y, derivado del anterior, una profunda división entre peninsulares, en general opuestos a cualquier tipo de Gobierno autónomo, e isleños, defensores de una autonomía lo más amplia posible, cuando no directamente de la independencia.

El debate cubano —también en menor medida puertorriqueño— de las últimas décadas de vida colonial no giró en torno a la igualdad de derechos con los territorios metropolitanos, sino a las reclamaciones de autogobierno, y fue el germen de los sucesivos proyectos de reforma administrativa que trataron de encauzar el problema cubano hacia una salida autonomista: primero el de Antonio Maura (1893), que se limitaba a crear una especie de embrión de Parlamento, con poderes legislativos muy disminuidos y limitados sólo a aspectos técnicos, no políticos ni presupuestarios; después el de Buenaventura Abárzuza (1894), una versión disminuida del de Maura, y finalmente, ya en plena guerra, el de Sagasta (1897), mucho más generoso con las demandas cubanas, pero al que la derrota del 98 puso abruptamente fin sin tiempo para comprobar su viabilidad.

Tampoco desde el lado español la visión era muy diferente. A pesar de la retórica nacionalista derramada con motivo de la guerra de Cuba, con declaraciones como las de Cánovas del Castillo según las cuales Cuba era la Alsacia-Lorena de España, parte irrenunciable de la nación, la realidad era que pocos pensaban que los territorios de ultramar fueran, tal como afirmaba el discurso oficial, unas provincias más de la nación española, ni antes ni después de la independencia. No era un problema jurídico sino de concepción de la nación. Como argumentaba el catedrático de la Universidad de Sevilla Feliciano Candau Pizarro todavía antes de producirse la derrota, Cuba y Puerto Rico no eran en realidad parte de España, ya que no compartían con ella ni unidad geográfica, ni unidad histórica, ni comunidad de costumbres e intereses. Eran territorios ajenos, cuya pérdida o ganancia no suponía menoscabo a la integridad territorial de la nación (*El Porvenir*, 19 de enero de 1898).

Aun así, muestra de la ambigüedad de las relaciones del imaginario español con América, tres días después, el 21 de enero, el político conservador Carlos Cañal publicó en el mismo periódico un artículo en el que, referido sólo a Cuba, argumentaba justo lo contrario que el historiador:

> Lo cierto es que Cuba se halla ligada a nosotros por motivos más que suficientes para que la consideremos parte de nuestra patria y el amor patrio se sienta herido cuando extrañas influencias traten de arrebatárnosla [...]. Tratándose de nuestra isla de Cuba, descubierta por españoles, civilizada por los mismos, con igual lengua, religión y costumbres, que las de la metrópoli, sin rastro alguno de elemento indígena y a la que sólo separa de España la distinta posición geográfica.

Y dicha ambigüedad, muestra de que es un problema de más hondo calado, no se dio únicamente con Cuba y Puerto Rico, sino también con los estados nacidos de la disgregación imperial, cuyo reconocimiento por parte de España fue lento y tardío y estuvo lleno de vacilaciones, algo que reflejaba las dificultades del nuevo Estado nación español, que se asumía heredero material y simbólico del antiguo Estado imperio, para aceptar la independencia de naciones que en el fondo eran consideradas parte de la española. A pesar del goteo de tratados de paz y amistad previos —México (1836), Ecuador (1840), Chile (1844), Venezuela (1845), Bolivia (1847), Costa Rica y Nicaragua (1850), Argentina (1859), Santo Domingo (1855), Guatemala (1863) y Perú y El Salvador (1865)—, no parece arriesgado afirmar que hasta la segunda mitad de la década de los sesenta, en torno a 1866, no hubo una voluntad clara por parte de los sucesivos gobiernos españoles de reconocer de manera generalizada los estados nacidos de las guerras de principios del siglo XIX.

Era una situación extraña si consideramos que casi inmediatamente después de la muerte de Fernando VII —para quien los nuevos estados eran sólo reinos rebeldes que debían reintegrarse a la Corona, por lo que no cabía ningún tipo de acuerdo o reconocimiento de su independencia— se aprobó una ley, en diciembre de 1836, que autorizaba al Gobierno a concluir tratados de paz y amistad con las nuevas repúblicas, previa renuncia por parte de España a derechos de soberanía y reivindicaciones territoriales. A pesar de esta ley, sin embargo, España nunca planteó un reconocimiento global de las independencias americanas, sino que se resolvió caso por caso, en función de los problemas concretos de cada momento y sin que hubiese una política general al respecto. No fue hasta el Sexenio Democrático (1868-1874) cuando España asumió las independencias como un hecho irreversible, abandonando definitivamente el imposible sueño de la reconquista territorial —jalonado de intervenciones militares, como la del general Juan José Flores en Ecuador, la reincorporación de Santo Domingo, la guerra del Pacífico o la expedición de Prim a México— e iniciando el —en muchos aspectos no menos imposible— de la reconquista espiritual.

LA DECADENCIA COMO CLAVE DEL RELATO DE NACIÓN ESPAÑOL

España comienza su historia como Estado nación contemporáneo con la herida siempre supurante de una pérdida, la de la nación que hubiera podido ser y no fue, unida a un fuerte sentimiento de decadencia, resultado de asumir como parte de la historia nacional las glorias imperiales del siglo XVI y, por tanto, como dolor propio el sentimiento de decadencia de las élites de la monarquía. Ambos directamente interrelacionados, la decadencia tiene su mejor reflejo, causa y consecuencia a la vez, en la pérdida de los territorios americanos, y esta última sería la prueba más visible de una decadencia que habría afectado a todos los aspectos de la vida de la nación.

La decadencia de la nación está, para los hombres del siglo XIX español, directamente asociada con la pérdida de su condición de imperio, una condición no accidental sino consustancial a su propio ser como nación; de ahí esa necesidad de reconstruir un imperio, ya fuese real —es lo que propone Cánovas del Castillo en su *Historia de la decadencia de España desde el advenimiento de Felipe III al trono hasta la muerte de Carlos II* (1854), participando para ello en la expansión imperial europea que estaba teniendo lugar en ese momento, en África y América— o espiritual, como cabeza de una comunidad de naciones hispánica, que será la propuesta de los hombres de la Restauración, mucho más pesimistas respecto a la posibilidad de reconstruir un imperio real en medio de la despiadada competencia entre potencias de las últimas décadas del siglo. Lo que en ningún caso estaba previsto era la pérdida de las pocas colonias que aún quedaban.

Estos sentimientos de decadencia no sólo afectaron a las élites políticas, sino que fueron ampliamente compartidos por el conjunto de las clases medias del país:

> Sobre la conciencia histórica de los españoles de la época de la Restauración gravita una noción emanada de una tradición oral, alimentada desde la enseñanza primaria por una muchedumbre y pequeños epítomes de *Historia de España*, y prestigiada por el magisterio de algunas de las personalidades

intelectuales de la época. Esta noción puede cifrarse en una palabra clave: «decadencia». [José María Jover, *España. Reflexiones sobre el ser de España*, 1997.]

No obstante, sería necesario matizar estas afirmaciones en el sentido de que no se trataría tanto de la conciencia histórica de los españoles en general como de la de las mucho más restringidas clases medias y, sobre todo, de las dudas que plantea esa supuesta tradición oral. Se trataba en realidad, como por lo demás el propio Jover argumentó en muchos de sus trabajos, de un sentimiento creado y construido por los grupos letrados, que tendría una de sus mejores expresiones en las historias generales de España, el género historiográfico por excelencia de mediados del siglo XIX, en España y en el resto del mundo atlántico. No se trataría tanto de una tradición oral como de la invención de esta tradición por los grupos letrados y su posterior conversión en memoria oral.

No hay que confundir este sentimiento de decadencia con el que empieza a difundirse entre las élites de la antigua monarquía desde fechas muy tempranas, como ejemplifica el reiteradamente citado soneto de Quevedo y su célebre «Miré los muros de la patria mía, / si un tiempo fuertes, ya desmoronados / de la carrera de la edad cansados, / por quien caduca ya su valentía». Entre otros motivos, y no es un asunto menor, porque de lo que está hablando Quevedo es de la ruina de la patria, no de la de la nación, dos términos que, a diferencia de lo que ocurrirá más tarde, no sólo no eran sinónimos, sino que eran en gran parte antitéticos. Por el primero se entiende el conjunto de los que viven bajo las mismas leyes, en este caso la monarquía católica; por el segundo, los que comparten origen, lengua y costumbres, la nación española objeto de los desvelos decimonónicos pero no de los de Quevedo.

Este primer sentimiento de decadencia fue de alguna manera conjurado por la revolución liberal y su convencimiento de que, gracias a la resurrección de la España verdadera, la anterior al absolutismo de Austrias y Borbones, que el liberalismo estaba llevando a cabo, España volvería a ocupar el lugar que le correspondía entre las grandes naciones del planeta. Dicho relato tendría una de sus mejores y más influyentes expresiones en la *Historia general de España* de Modesto Lafuente, publicada entre 1850 y 1867, pero que estuvo presente, de una u otra forma, en el conjunto del liberalismo español decimonónico, siempre con la idea de que la decadencia habría empezado con la derrota de los comuneros en Villalar y la instauración de la dinastía extranjera de los Habsburgo, ajena y extraña al ser liberal de la nación española; siempre con el problema de qué hacer con los siglos imperiales, cuando a pesar de los Habsburgo España habría alcanzado su momento de mayor gloria, política pero también cultural, y siempre, por último, con la idea de una revolución liberal con la que volvería a renacer la España verdadera, la anterior a las dinastías no nacionales de los Habsburgo y los Borbones. Este relato tendría un amargo despertar con el fracaso de la revolución de 1868, la revolución por excelencia del liberalismo español, la Gloriosa, y la vuelta de los Borbones al trono de Madrid.

En este largo trayecto el sentimiento de decadencia acabó afectando también a los sectores conservadores, como refleja la obra como historiador del principal artífice de la Restauración, Antonio Cánovas del Castillo, centrada en tratar de explicar las causas de una decadencia que no sería la de la monarquía de los Habsburgo, sino la de España; una decadencia que el líder del partido conservador hace remontar, en la mejor tradición del liberalismo, a los siglos XVI y XVII, cuando monarcas extranjeros y ajenos al ser de la nación agotaron sus energías en una inútil y vana lucha por la hegemonía en Europa y no en afianzar su presencia en América. Ésta es la tesis central de su obra *Historia de la decadencia de España* —y nótese que la decadencia, ya desde el mismo título, no es la de la casa de los Habsburgo españoles, que es de lo que realmente trata su libro, sino la de España—, publicada en 1854. Es una interpretación común al conjunto del pensamiento liberal español, ya que lo mismo había afirmado cuatro años antes Antonio Ferrer del Río, también ya desde el título, en su obra *Decadencia de España. Historia del levantamiento de las comunidades de Castilla, 1520-1521*, pero Cánovas conseguiría convertirla en hegemónica, gracias a su peso político, así como a su papel como director de la Real Academia de la Historia, puesto que ocuparía desde 1882 hasta su muerte en 1897.

Se trataba de una doble herida que el relato de nación decimonónico resolvió —o, mejor, intentó resolver— imaginando la historia de la nación como un ciclo de nacimiento, muerte y resurrección. España habría nacido con el matrimonio de los Reyes Católicos, con quienes llega, además, a su momento de máxima gloria y esplendor —en palabras del ya citado Modesto Lafuente, «todo español [el reinado de los Reyes Católicos] y el más glorioso que ha tenido la historia de España» (*Historia general de España*, 1850-1867)—; habría muerto, sin embargo, muy pronto —para los sectores más radicales del liberalismo decimonónico apenas nacida, con la derrota de los comuneros en Villalar, y para los más moderados con la llegada de los Borbones, aunque incluso para muchos de éstos, como Cánovas del Castillo, la nueva dinastía de los Habsburgo llevaba ya en ella los gérmenes de la decadencia, que la debilidad de los Austrias menores y, sobre todo, la llegada de los Borbones no habrían sino agudizado—, y habría resucitado, finalmente, con el «restablecimiento» del liberalismo en el siglo XIX, en esencia sólo la recuperación de las virtudes primigenias de la raza.

La recuperación de las libertades originarias y de las Cortes —se suponía que ambas no eran una creación del liberalismo o la importación de modelos extranjeros, sino la restauración de aquello que constituía la parte más genuina del ser de la nación— sería suficiente para que España volviese a ocupar el lugar de honor que le correspondía entre las naciones de la Tierra. España había sido grande en el pasado y volvería a serlo en el futuro. Éste fue el relato que estuvo detrás de todas las revoluciones del siglo XIX español, de un marcado signo historicista: la recuperación de aquello que constituía el alma verdadera de la nación y que los gobiernos absolutistas habían intentado borrar. Dicho relato conjuraba la idea de decadencia con la de resurrección. España, una vez desaparecidas las causas de su postración, en primer lugar y de manera destacada el absolutismo monárquico, y una vez recuperados aquellos aspectos que definían su verdadero ser como nación, desde el espíritu libre y democrático hasta el carácter guerrero e imperial, recuperaba su lugar en el mundo.

Es una relectura de la historia sin la que resulta difícil explicar fenómenos como la entusiasta respuesta a la convocatoria de la ciudad de Barcelona para reclutar y financiar cuatro compañías, los llamados Voluntarios Catalanes, para la guerra de África de 1859-1860, cuyas quinientas plazas para voluntarios civiles fueron cubiertas casi de inmediato. Fue un estallido de nacionalismo popular, extendido de uno a otro extremo del espectro político, incluidos los opositores a la monarquía liberal, en el que, según el corresponsal del *Times* en España, lo mismo se recibía a O'Donnell en África «con la banda tocando la "Marcha real"» que se despedía a los voluntarios catalanes «con el "Himno de Riego" y otros cantos liberales» (*The Spanish Campaign in Morocco*, 1860). Situación que contrasta con la vivida medio siglo más tarde, en 1909, en la misma ciudad, cuando la movilización, no voluntaria sino forzosa, de reservistas para la guerra del Rif desencadenaría la llamada «Semana Trágica».

No hay una explicación sencilla para semejante disimetría en las respuestas. Están obviamente, y es posible que en primer lugar, los cambios en la cultura de las clases populares barcelonesas, muy permeadas, a diferencia de cincuenta años antes, por ideologías de clase, socialistas y anarquistas. Pero está también la crisis del relato de nación español, que no se puede focalizar sólo en el 98 (el fracaso del Sexenio Democrático desempeñó también un importante papel en ello). Una mirada a los reclutamientos de voluntarios para las guerras coloniales resulta desde esta perspectiva extraordinariamente reveladora. Por seguir con el caso de Barcelona, en el año 1869 el número de alistados voluntarios para la primera guerra de Cuba, la de los Diez Años, triplicó al de los de la leva obligatoria; mientras que a partir de 1876, y tomando ya el conjunto del ejército, los soldados de leva desplazaron progresivamente a los voluntarios hasta volverlos claramente marginales. En la guerra de 1895-1898 ya no hubo ninguna compañía de Voluntarios Catalanes, como tampoco de casi ninguna otra región española; las únicas excepciones fueron Asturias, con el Batallón del Principado, y Madrid, también con un batallón de voluntarios desplazado a Cuba.

La imagen de la nación que recupera su lugar en la historia, acostumbrados como estamos a la negativa, la valleinclanesca, la construida por regeneracionistas, institucionistas y noventayochistas en las décadas finales del siglo XIX y primeras del XX, resulta difícil de entender, pero sobre ella no caben muchas dudas. Cuando uno se asoma a lo que escribían y opinaban los hombres de comienzos del XIX español, una de las cosas que llama más la atención es esa fe monolítica en la mejora del país, en que la nación había vuelto a encontrar el buen camino, en que, tras varios siglos de decadencia, estaba a punto de volver a figurar entre las grandes naciones del mundo. Fe que los hombres de la época isabelina comparten con los del Sexenio, que resistió con grandes dudas al fracaso de este último y que la derrota de 1898 echó definitivamente por tierra.

La vuelta de los Borbones al trono de Madrid cuestionó en parte este relato. La recuperación de las instituciones liberales no parecía ser suficiente, parecía que había algo en el propio ser de los españoles refractario al progreso y la civilización. Era lo que reflejaban muchos de los textos de los impulsores de la Institución Libre de Enseñanza, con Giner de los Ríos a la cabeza. No bastaba con recuperar la libertad, sino que era necesario reeducar al pueblo español, crear uno nuevo capaz del progreso y la libertad que el existente no era ni siquiera capaz de imaginar y desear, y menos aún de construir.

Algunos pensadores de las últimas décadas del siglo XIX y primeras del XX irían todavía más lejos: era la propia raza la que había degenerado. Según Pompeyo Gener, «las razas, antes inteligentes y fuertes, que poblaban la península, enflaquecieron, se encanijaron; debilitáronse física y moralmente; volviéronse improductivas y visionarias» (*Herejías. Estudios de crítica inductiva sobre asuntos de España*, 1887), y el uso del plural por quien poco después se convertiría en un ferviente defensor de la existencia de una raza catalana distinta de la española no era, obviamente, inocente. Se trataba de una raza que para Ortega habría perdido la conciencia de su continuidad histórica hasta convertirse en otra sonámbula y espuria, que no sabía de dónde viene ni adónde iba.

El relato de nación seguía, sin embargo, siendo el mismo. Las críticas a la Restauración, desde los regeneracionistas hasta los republicanos, incluían todas ellas la pesimista imagen de un país que desde la llegada de los Habsburgo al trono de Madrid había equivocado el camino. La historia moderna de España era la de una decadencia ininterrumpida en cuyo origen estaba siempre la derrota de los comuneros en Villalar. Había sido ya el relato de nación de los liberales de la primera mitad del siglo —fueron ellos los iniciadores del culto a los héroes de la guerra de las Comunidades e incluso de un primer y tímido intento de recuperación del color morado como símbolo no tanto republicano como de la España verdadera—, y seguirá siendo el de las élites de la Restauración, para las que el que podríamos denominar «mito austracista», con la llegada de los Habsburgo como causa y origen de la decadencia de España, se convirtió en un lugar común y una de las claves de su pensamiento político-ideológico.

Así fue en el caso de las élites que se turnaban en el poder, pero también en el de sus críticos regeneracionistas. El trasfondo último de la obra de Joaquín Costa o Ricardo Macías Picavea es este mismo relato histórico. El punto de partida de libros como *Oligarquía y caciquismo como la forma actual de gobierno en España* (1902), del primero, y *El problema nacional. Hechos. Causas. Remedios* (1899), del segundo, es que el origen de los males del país se remontaba a principios del siglo XVI. Era tan dependiente del relato de nación liberal anterior que llevó a que alguien como Costa, como casi todos los pensadores decimonónicos obsesionado con la historia, siguiera considerando a los Reyes Católicos como el momento de máximo esplendor de la nación, «modelos de españoles para jefe del Gobierno [...] la Reina Católica y Cisneros» (*Reconstitución y europeización de España. Programa para un partido nacional*, 1900); después de ellos, la derrota de Villalar y los cuatro largos siglos de decadencia ininterrumpida. No constituía nada muy diferente de lo que la historiografía liberal venía repitiendo desde hacía un siglo, pero con la diferencia, importante, del fin de toda esperanza de que la restauración de las instituciones liberales pudiera resucitar a la nación.

A partir de la derrota del 98 —el «tiempo de la gran caída de las hojas de la leyenda patria» (carta de Ortega a Unamuno, enero de 1904)—, esta idea de decadencia unió en un mismo relato la decadencia ancestral de los Austrias con la contemporánea frente a Estados Unidos. El fin ya no era la resurrección, sino el amargo despertar del sueño de un siglo que todavía seis años antes había celebrado, henchido de pompa y retórica imperialistas, el Cuarto Centenario del Descubrimiento de América; una celebración que había permitido la reivindicación, en pleno auge del imperialismo, de la primacía de la nación española entre las grandes naciones imperiales del mundo.

La nostalgia por el imperio perdido, una especie de bucle melancólico de añoranza por lo que nunca existió, había estado siempre presente en las relaciones de España con las nuevas repúblicas hispanoamericanas, hasta la revolución de 1868 con una clara voluntad de intervención política directa, y después adoptando la forma de lo que podríamos denominar un «imperialismo de sustitución» (no había ya un imperio español en América, pero sí una comunidad cultural y de raza con España como cabeza rectora). Todo ello iba acompañado de un relato de nación en el que el carácter imperial y guerrero se convertía en un rasgo de nacionalidad; no sólo había dejado esa nación de descubridores y conquistadores su impronta en todos los rincones del planeta, sino que era ese carácter imperial y belicoso lo que definía su propio ser como nación. Una auténtica intoxicación historicista en la que convivían, en extraña mezcolanza, Pavía, San Quintín, Lepanto, Hernán Cortés entrando en México, el Gran Capitán en Italia y el imperio en el que nunca se ponía el sol.

En esta reconstrucción ideológico-historiográfica, Cuba desempeñaba un papel clave no sólo como ejemplo de la permanencia de este carácter imperial, sino también porque permitía a España reivindicar su condición de cabeza del mundo hispánico frente al amenazante expansionismo anglosajón. La crisis del 98 y su obsesiva fijación con el «problema de España» adquieren nuevos matices analizados a la luz de esta idea. La pérdida de los últimos territorios de ultramar fue, para una nación construida sobre el arquetipo histórico de su carácter imperial, mucho más que una simple pérdida económica, por importante que esa economía fuese (y la cubana no lo era poco).

El Desastre fue material pero sobre todo moral; puso en cuestión el propio ser de España como nación, revelando, en palabras de Unamuno, «el fragoroso hundimiento de los ideales históricos españoles [...] el derrumbe de nuestros sueños históricos» (*El Imparcial*, 31 de enero de 1916). Si el carácter imperial era un rasgo determinante de la nacionalidad, ¿qué ocurría cuando ya no había imperio? De ahí ese obsesivo «¿qué es España?» de la generación del 98, así como el ensimismamiento de esta misma generación en busca de lo más esencial del ser de la nación, de aquello que estaba más allá de la historia, y que muchos de ellos encontraron en la geografía que permanece frente a la historia que pasa; también, por último, el rechazo finisecular, en el que coinciden noventayochistas y regeneracionistas, de la historiografía decimonónica, el «cerremos con siete llaves el sepulcro del Cid» de Joaquín Costa. Se trataba de refundar la nación o, como diría el mismo Costa en su mensaje en la reunión extraordinaria de la Cámara Agrícola del Alto Aragón que tuvo lugar en Barbastro el 13 de noviembre de 1898, de «una total rectificación de nuestra historia […] de fundar España como si nunca hubiese existido». No había un pasado, y menos aún unas instituciones, que recuperar. La pulsión antiliberal de muchos regeneracionistas y, todavía más virulenta, de los noventayochistas más jóvenes les llevaba a reclamar una nueva historia para una nación nueva.

El rechazo de la generación del 98, tal como afirmó Ramiro de Maeztu en una conferencia impartida en el Ateneo de Madrid el 7 de diciembre de 1910, a la Restauración fue a los engaños de España (prensa, política, oligarquía, caciquismo, literatura, glorias históricas…), pero también al engaño, y esto ya no lo dijo Maeztu, de su relato de nación. La pérdida de las últimas colonias americanas, en un momento en el que la existencia de imperios coloniales era una prueba de vitalidad nacional y en una nación cuyo carácter imperial y guerrero la historiografía del siglo XIX había convertido en una marca de identidad, resultó dramática y casi insuperable para la construcción nacional española.

Nadie quiere formar parte de una nación, como todas las moribundas, palabras de lord Salisbury en su célebre conferencia en el Albert Hall de Londres, pronunciada el 4 de mayo de 1898, «cada vez más débiles, más pobres y sin hombres destacados ni instituciones en quienes confiar», lo que explica el auge a partir de ese momento de movimientos nacionalistas en los territorios más dinámicos, el País Vasco y Cataluña, que habían sido también aquellos en los que el proceso de construcción nacional español había sido más precoz y exitoso. Eran sociedades cuya «hambre de nación» difícilmente podía ser saciada por un Estado no sólo derrotado, sino que además, fruto de esa derrota, veía cuestionadas algunas de las claves de su relato sobre lo que la nación era.

El 98 significó una profunda crisis del concepto de «nación» construido hasta ese momento, y planteó a las élites intelectuales españolas la necesidad de repensar España y su lugar en el mundo. Poco importa que la respuesta de unos —los nacionalismos vasco y catalán— fuera la búsqueda de una nación propia distinta de la española y la de otros —regeneracionistas, noventayochistas, republicanos, etc.—, la de una España distinta de la imaginada por los liberales. La pérdida de lo que se suponía que eran los últimos restos del imperio colonial español —e insisto en que eran los últimos y los primeros— mostraba en toda su crudeza el fracaso de un proyecto de nación, algo de lo que Francisco Silvela, autor del ya varias veces citado «España sin pulso», era claramente consciente:

> Engañados gravemente vivirán los que crean que por no vocear los republicanos en las ciudades, ni alzarse los carlistas en la montaña [...] nada hay que temer ya de los males interiores que a otras generaciones afligieron [...]. El riesgo es el total quebranto de los vínculos nacionales, de la ordenación por nosotros mismos de nuestros destinos como pueblo europeo.

Es posible, sin embargo, como supone Julián Marías (*España ante la historia y ante sí misma (1898-1936)*, 1996), que la derrota frente a Estados Unidos sólo fuera el detonante de una situación que se venía arrastrando desde años atrás, presente en autores tan distintos como Pereda, Pardo Bazán,

Ganivet, Unamuno o Mallada, y a la que el Desastre dio la presencia social que antes no tenía. El desasosiego, el cuestionamiento sobre el ser de España, hundía sus raíces en el fracaso de la Gloriosa. Sería una especie de «crisis de la Restauración» latente, que se habría arrastrado durante décadas y que el 98 llevó al primer plano de la vida política y cultural. El problema de España era claramente perceptible entre las nuevas generaciones de intelectuales que estaban llegando a la escena pública en las décadas finales del siglo XIX, desde mediados de los años ochenta por ponerle una fecha más precisa. Empieza a plasmarse en ellas una nueva idea de España, en un conflictivo diálogo con el que había sido el relato de nación liberal hegemónico hasta ese momento. Hay, sin embargo, un cambio cualitativo. El 98 planteó a las élites españolas la inquietante posibilidad de que la España imaginada por sus padres y abuelos, desde los primeros balbuceos gaditanos, fuese falsa o estuviese equivocada; la posibilidad de que los grandes héroes —el Cid, Hernán Cortés, el Gran Capitán...— no representasen nada; la posibilidad, en definitiva, de que la historia de España hubiese sido un extravío, una equivocación. El «España como problema» que obsesionó a la generación del 98.

Una generación con España casi como tema único (su historia, su geografía, su cultura, sus mitos nacionales, su filosofía...), como se refleja en los títulos de muchos de sus libros: *Campos de Castilla*, de Antonio Machado; *Idearium español*, de Ángel Ganivet; *Vida de don Quijote y Sancho*, de Miguel de Unamuno; *Hacia otra España*, *En defensa de la hispanidad* y *Don Quijote, don Juan y la Celestina*, de Ramiro de Maeztu; *La ruta de don Quijote*, *España. Hombres y paisajes* y *El paisaje de España visto por los españoles*, de Azorín, etc. Una España que no es la de los grandes mitos imperiales del relato de nación decimonónico, sino una más íntima y doliente, el origen del «me duele España» joseantoniano, y que muchos años antes que él, el 23 de marzo de 1914, Ortega y Gasset había definido como rasgo de su generación, «acaso la primera, que no ha negociado con los tópicos del patriotismo y que al escuchar la palabra "España" no recuerda Calderón ni Lepanto sino que meramente siente y esto que siente es dolor».

Se trataba de un dolor más profundo todavía porque no servía ninguna de las respuestas que se habían dado hasta ese momento. No servía la conservadora, la que sostenía que la causa de la decadencia estaba en el abandono de lo genuinamente español, con la vuelta a la España de los siglos XVI y XVII como única solución (ni siquiera en su versión menéndez-pelayista, que aceptaba la modernidad económico-capitalista pero afirmaba el catolicismo como único rasgo de identidad nacional, el «España, evangelizadora de la mitad del orbe; España martillo de herejes, luz de Trento, espada de Roma, cuna de san Ignacio…, ésa es nuestra grandeza y nuestra unidad: no tenemos otra» de su epílogo a *Historia de los heterodoxos españoles*, puesto que el catolicismo como cemento único de cohesión nacional resultaba endeble y problemático). Tampoco la liberal-progresista, aquella que afirmaba que el problema era la ruptura con Europa —algo que a su manera ya habían sostenido los ilustrados del siglo XVIII— y la solución, una modernización que rompiese con aquello que ataba la nación a un pasado muerto, al ser una respuesta que comportaba en gran parte la renuncia a la idea de una nación española, cuando la nación era el gran problema de la crisis del 98.

La respuesta de los hombres que la crítica literaria agruparía desde bastante pronto bajo la denominación de «generación del 98» fue la geografía. La historia que les habían contado sus antecesores decimonónicos había sido un fracaso, pero había una España telúrica, al margen del tiempo: el paisaje sin hombres de Azorín que define una historia anterior a la historia, la intrahistoria unamunesca de un hombre español, anterior a los grandes relatos decimonónicos, que atraviesa «a la fuerza, por el Renacimiento, la Reforma, la Revolución, aprendiendo, sí, de ellos, pero sin dejarse tocar el alma, conservando la herencia espiritual de aquellos tiempos que llaman caliginosos» (*Del sentimiento trágico de la vida en los hombres y en los pueblos*, 1913).

El objetivo era encontrar el *Alma de España*, título de una de las revistas más relevantes de los años inmediatamente posteriores al Desastre y que, a pesar de su corta duración (8 de noviembre de 1903-30 de abril de 1904), contó con la colaboración de algunos de los autores más relevantes de la crisis de entresiglos, tanto regeneracionistas como de la generación del 98 propiamente dicha. Se trataba nada menos que de dilucidar qué era España, una pregunta que las generaciones anteriores habían dado erróneamente por supuesta. Dichos autores encontrarán esa esencia en el paisaje de Castilla, en el Quijote o hasta en el dogma de la «Concepción Inmaculada» (Ganivet), convencidos todos ellos, como buenos nacionalistas, de la existencia de un alma nacional propia, distinta de las demás de la Tierra, y que tendría expresión en los grandes personajes históricos y literarios. Se trataba de una variante española de la «psicología de los pueblos», rama de la sociología, de gran auge en las décadas finales del siglo XIX y primeras del XX, que estaba convencida de que el verdadero espíritu de una nación se expresaba a través de su lengua, su literatura y su historia.

Ramiro de Maeztu, por ejemplo, no duda en ver en el Quijote y Hamlet la expresión de las almas española e inglesa, respectivamente. El hidalgo manchego es el idealista que obra; el príncipe danés, el materialista que reflexiona. «El *Hamlet* es la tragedia de Inglaterra; el *Quijote* es el libro clásico de España. En torno a las dos obras se ha venido cristalizando el alma de los dos pueblos. Inglaterra ha conquistado un imperio; España ha perdido el suyo» (*Don Quijote, don Juan y la Celestina*, 1925). Es un esencialismo histórico que poco se diferencia del decimonónico anterior, en el caso de Maeztu incluso con los mismos héroes (Carlos V, Felipe II, Cervantes, Gonzalo Fernández de Córdoba, Santa Teresa, etc.).

El relato de nación noventayochista, y también el regeneracionista, con su alargada y no siempre benéfica sombra sobre las generaciones de españoles posteriores, retoma muchos de los tópicos de la historiografía liberal decimonónica, pero con una falta de rigor histórico casi insultante, no comparada con la historiografía actual, lo que sería lógico, sino con la de su época. Una obra como la de Rafael Altamira, estrictamente coetáneo de los noventayochistas —sus libros fundamentales vieron la luz entre 1900 y 1911—, se aleja de cualquier voluntad de recreación de una historia de héroes y hazañas, pero también del síndrome de decadencia característico de la época. El análisis que hace de las peculiaridades del carácter español y de la civilización hispánica —entendida como una única civilización extendida a uno y otro lado del Atlántico, lo que le evita caer en las trampas de la melancolía imperial— a partir del estudio de sus instituciones jurídicas nada tiene que ver con las generalidades, indemostradas e indemostrables, de los mucho más conocidos e influyentes miembros de la generación del 98.

Las elucubraciones sobre el carácter español de Ganivet o sobre la intrahistoria de Unamuno, con su oposición entre la *casta íntima* y la *casta histórica*, tienen mucho de palabrería acerca de la que no merecería la pena detenerse mucho si no fuese porque su sombra va a prolongarse sobre buena parte del siglo XX español. La obsesiva búsqueda de una «manera de ser española», basada en afirmaciones apriorísticas y generalidades indemostradas e indemostrables, encuentra explicación en un relato histórico sobre el que raramente se reflexiona y al que, al igual que había ocurrido con el liberal, no le queda otro remedio que enfrentarse al irresoluble problema de qué hacer con la España imperial.

El radical rechazo del momento del Desastre se va dulcificando poco a poco, y autores como Unamuno, Valle-Inclán o Azorín acaban reivindicando años más tarde la España de los siglos XVI y XVII e incluso, caso de este último en *Una hora de España (entre 1560 y 1590)*, publicado en 1924, negando el mismo concepto de «decadencia», «la famosa decadencia», que había sido el eje de su obra *El alma castellana (1600-1800)*, de catorce años antes. No se trataba tanto de la alargada sombra del imperio como del problema de un relato de nación incapaz de rechazar la España imperial y el Siglo de Oro como clave de la historia de la nación.

PUEBLO Y NACIÓN EN LA CRISIS DEL 98

En paralelo a este proceso de reescritura y relectura de la historia, de alguna manera entrelazado con él, se produce el del redescubrimiento del pueblo como expresión verdadera de la nación. Entrelazado porque desde relativamente pronto la idea de «decadencia», en torno a la que se había articulado todo el relato de nación liberal decimonónico, el de la revolución liberal como resurrección de la España verdadera tras los tres siglos de despotismo absolutista, fue entendida no sólo como decadencia política, sino también como decadencia del pueblo español, de su espíritu nacional.

La España de los Reyes Católicos habría sido un gran país, pero, a consecuencia de la influencia de la Iglesia y del despotismo de los Austrias y los Borbones, su pueblo se habría degenerado hasta convertirse en otro diferente, y peor, tanto del que había sido en su época de esplendor como del resto de los pueblos de Europa. Éste es el trasfondo último de la mayoría —si no todas— de las visiones románticas sobre España de ingleses, franceses y norteamericanos, y que muchas de las élites decimonónicas, en una especie de masoquismo de colonizados, harán suyas. El español sería un pueblo degenerado no por sus defectos, sino por los errores de sus élites. Es el «Dios, que buen vasallo si oviesse buen señor» de los romances sobre el Cid, no por casualidad convertido por la cultura decimonónica en la expresión por excelencia del ser español.

Se trata de una visión que ejemplifica perfectamente el artículo publicado por Joaquín Costa en la sección «Después de la catástrofe habla el país» del periódico *El Liberal*. Para el regeneracionista aragonés, quizá el regeneracionista por excelencia —y en este sentido no debió de ser casual que fuese él quien inaugurase la sección, el 18 de octubre de 1898—, la resurrección de la nación sólo sería posible a partir de la regeneración del pueblo, que, degenerado o no, representaba la auténtica alma de la nación. No se trataba, como habían defendido los liberales, de hacer libre a la nación, sino de «hacer libre al pueblo español, que es esclavo, elevar su cultura, que es cuasi africana».

El problema, pues, no era la historia, lo era el pueblo español, una tesis en la que es visible la alargada sombra de Herder, que, a través del romanticismo alemán, acabará impregnando de una u otra manera toda la cultura nacionalista decimonónica, incluida la española. Es un fenómeno no estrictamente vinculado al 98, pero que está detrás de los intentos de reescritura de la historia de muchos regeneracionistas y miembros de la generación del 98, obsesionados todos ellos con la idea de que, para explicar el fracaso de España como nación, no importaba tanto la historia de los grandes hombres como entender la psicología, el espíritu nacional, del pueblo, verdadero depositario del alma de la nación.

El fenómeno, por supuesto, no fue sólo español, pues correspondió al momento en que cada nación buscaba determinar cuál es su verdadera identidad, aquella que la diferencia de las demás naciones de la Tierra —el pueblo que define la nación—, y que en España conocería un gran auge a partir de en torno a la década de los ochenta. Estaba en la base de parte de los trabajos de Joaquín Costa, dentro de lo que podríamos denominar «estudios etnológico-jurídicos». Una de las primeras obras en las que se ocupó de este tema, *Poesía popular española, y mitología y literatura celto-hispanas. Introducción a un tratado de política sacado textualmente de los refraneros, romanceros y gestas de la península* (1881), planteaba, ya desde el mismo título, la existencia de una cultura jurídica popular, creación y expresión del alma de un pueblo que habría pervivido al margen de la historia. Su objetivo era nada menos que el de «sorprender y fijar el *ideal político* del pueblo español, tal como lo ha manifestado [...] en sus refranes, romances y poemas primitivos o cantares de gesta [...] y deducir de esos mismos monumentos el sentido ideal de nuestra historia política». Había una historia política del pueblo, distinta de la de sus clases dirigentes, que era la de la verdadera nación; nada muy distinto de lo que los románticos alemanes venían repitiendo desde hacía un siglo. Dicha visión culminó en la obra colectiva *Derecho consuetudinario y economía popular de España*, publicada en Madrid en 1902, con la participación, entre otros, de Miguel de Unamuno, cuya idea de la intrahistoria no se alejaba demasiado de la del pensador aragonés. Es lo que reflejan los textos de su libro *En torno al casticismo*, publicado también en 1902, pero que recopila los artículos aparecidos en 1895 en la revista *La España Moderna*, anteriores por lo tanto a la crisis del 98, en los que expresa su voluntad de estudiar el espíritu del pueblo español.

El descubrimiento del carácter del pueblo español será una de las obsesiones del 98 y de los regeneracionistas. *Hacia otra España* (1899), de Ramiro de Maeztu; *La moral de la derrota* (1900), de Luis Morote; *El alma castellana* (1900), de Azorín; *Psicología del pueblo español* (1902), de Rafael Altamira, etc., se proponen descubrir el alma de España, que no estaría tanto en su historia, como habían pensado los liberales, sino en el pueblo. Sería un alma nacional que, aunque hija de la historia, la transcendería; causa más que consecuencia, sería ella la que explicaría la evolución histórica de la nación.

Esta visión acabaría impregnando incluso el campo de la historiografía profesional, cuya matriz de fondo siguió siendo el relato de nación liberal, pero en la que el pueblo, la cultura popular, se convirtió en protagonista de la historia. Tuvo una de sus mejores expresiones en la fundación, en 1910, del Centro de Estudios Históricos, bajo la égida de Ramón Menéndez Pidal, con el objetivo de descubrir el alma del pueblo español; un espíritu nacional que a lo largo de la historia habría encontrado expresión en la literatura, la música, la pintura, etc., y, de manera general, en las grandes expresiones del espíritu, desde el *Cantar de mio Cid* hasta las pinturas de Velázquez. Lo que latía detrás de ellas era el alma del pueblo, inmutable generación tras generación, que, según

Menéndez Pidal, podía rastrearse ya en los pueblos íberos anteriores a la romanización. Nada demasiado diferente a lo que medio siglo antes había afirmado Modesto Lafuente en *Historia general de España*, la obra cumbre de la historiografía liberal española. Cambiaban los protagonistas —el pueblo en lugar de los grandes héroes—, pero no la visión esencialista de una nación intemporal que atravesaba los siglos, tribu errante en el tiempo, siempre fiel a sí misma.

El 98 supuso asimismo la irrupción de un problema que en torno a esos años tendrían que afrontar todos los relatos de nación, no sólo el español: el de su democratización, el de la conversión de la nación en un problema de masas y no de las clases medias, como había sido hasta ese momento. Es un tiempo de cambio que cierra un siglo XIX más o menos corto o largo en función de las circunstancias de cada país, con la construcción de un nuevo orden político de tipo nacional-liberal como eje de la vida pública, y que abre un XX corto, con la agudización de la cuestión social como problema político y, para lo que aquí nos interesa, la conversión del nacionalismo en el fenómeno de masas que hasta ese momento no había sido, con importantes variaciones, por tanto, respecto a cómo las naciones fueron imaginadas y mostradas.

Esto no significa, obviamente, que fuera un fenómeno exclusivo de España —la ruptura respecto al modo en que la nación era narrada fue común al conjunto del espacio geopolítico euroamericano—, y la Primera Guerra Mundial o la Revolución rusa constituyen sin duda hitos históricos mucho más relevantes en el calendario de estos procesos que el 98. Sin embargo, para el caso español, el 98 planteó por primera vez la clara necesidad de un relato que ya no podía ser el decimonónico de los grandes héroes, sino que debía integrar al pueblo real, no sólo al imaginario del romanticismo, y que, además, debía ser difundido en el conjunto de la población y no sólo entre las clases medias letradas, como había sucedido hasta ese momento.

Es una perspectiva que arroja mucha luz no sólo sobre las propuestas regeneracionistas y noventayochistas, sino también sobre el conjunto de las políticas de identidad que las élites políticas e intelectuales, incluidas las de la Segunda República, instrumentaron en las primeras décadas del siglo xx.

BIBLIOGRAFÍA

ALÍA MIRANDA, FRANCISCO, *Historia del ejército español y de su intervención política. Del Desastre del 98 a la Transición*, Madrid, Los Libros de la Catarata, 2018.

—, *Aquella guerra nuestra con los Estados Unidos...». Prensa y opinión en 1898*, Madrid, Fundación Carlos de Amberes, 1998.

BAHAMONDE, ÁNGEL, y JOSÉ G. CAYUELA, *Hacer las Américas. Las élites coloniales españolas en el siglo XIX*, Madrid, Alianza, 1992.

BALFOUR, SEBASTIAN, *El fin del Imperio español (1898-1923)*, Barcelona, Crítica, 1997.

BLANCO AGUINAGA, *Juventud del 98*, Madrid, Taurus, 1998.

BLANCO RODRÍGUEZ, JUAN ANDRÉS, y ALEJANDRO GARCÍA ÁLVAREZ, *El legado de España en Cuba*, Madrid, Sílex, 2015.

CARR, RAYMOND, et al., *Imágenes y ensayos del 98*, Valencia, Fundación Cañada Blanch, 1998.

CERVERA FANTONI, ÁNGEL LUIS, *El Desastre del 98 y el fin del Imperio español. Visión inédita del almirante Cervera*, Madrid, Biblioteca Nueva, 2016.

CONCAS Y PALAU, VÍCTOR, *La escuadra del almirante Cervera*, Madrid, San Martín, 1998.

ELIZALDE PÉREZ-GRUESO, MARÍA DOLORES, ed., *Las relaciones internacionales en el Pacífico (siglos XVIII-XX). Colonización, descolonización y encuentro cultural*, Madrid, CSIC, 1997, pp. 291-316.

ELORZA, ANTONIO, y ELENA HERNÁNDEZ SANDOICA, *La guerra de Cuba (1895-1898). Historia política de una guerra colonial*, Madrid, Alianza, 1998.

ESTEBAN DE VEGA, MARIANO, FRANCISCO DE LUIS MARTÍN y ANTONIO MORALES MOYA, eds., *Jirones de hispanidad. España, Cuba, Puerto Rico y Filipinas en la perspectiva de dos cambios de siglo*, Salamanca, Universidad de Salamanca, 2004.

FONER, PHILIP S., *La guerra hispano-cubano-norteamericana y el nacimiento del imperialismo norteamericano*, Madrid, Akal, 1975.

FORCADELL, CARLOS, PILAR SALOMÓN E ISMAEL SAZ, eds., *Discursos de España en el siglo XX*, Valencia, Universitat de València, 2009.

FOX, INMAN, *La invención de España. Nacionalismo liberal e identidad nacional*, Madrid, Cátedra, 1997.

FRADERA, JOSEP M., *Colonias para después de un imperio*, Barcelona, Edicions Bellaterra, 2005.

—, *La nación imperial (1750-1918)*, Barcelona, Edhasa, 2015.

FUSI, JUAN PABLO, y ANTONIO NIÑO, eds., *Vísperas del 98. Orígenes y antecedentes de la crisis del 98*, Madrid, Biblioteca Nueva, 1997.

GÓMEZ AMADOR, LUIS, *La odisea del almirante Cervera y su escuadra. Batalla naval de Santiago de Cuba, 1898*, Madrid, Biblioteca Nueva, 2001.

GONZÁLEZ-POLA DE LA GRANJA, PABLO, *La configuración de la mentalidad militar contemporánea (1868-1909)*, Madrid, Ministerio de Defensa, 2003.

GULLÓN, RICARDO, *La invención del 98 y otros ensayos*, Madrid, Gredos, 1969.

JOVER ZAMORA, JOSÉ MARÍA, *1898. Teoría y práctica de la redistribución colonial*, Madrid, Fundación Universitaria Española, 1979.

—, *España en la política internacional. Siglos XVIII-XX*, Madrid, Marcial Pons, 1999.

—, dir., *La época de la Restauración (1875-1902). El Estado, la política, las islas españolas de ultramar*, tomo XXXVI de la *Historia de España Ramón Menéndez Pidal*, Madrid, Espasa-Calpe, 2000.

JULIÁ, SANTOS, dir., *Memoria del 98. De la guerra de Cuba a la Semana Trágica*, Madrid, El País-Aguilar, 1997-1998.

—, coord., *Debates en torno al 98*, Madrid, Comunidad Autónoma de Madrid, 1998.

MAINER, JOSÉ CARLOS, y JORDI GRACIA, eds., *En el 98. Los nuevos escritores*, Madrid, Visor, 1997.

MALUQUER DE MOTES, JORDI, *Nación e inmigración. Los españoles en Cuba (ss. XIX y XX)*, Gijón, Ediciones Júcar, 1992.

—, *España en la crisis de 1898. De la Gran Depresión a la modernización económica del siglo XX*, Barcelona, Península, 1999.

MELLIZO, CARLOS, y LUIS NÚÑEZ LADEVÉZE, coords., *España, Estados Unidos y la crisis de 1898. Reflexiones para un centenario*, Madrid, Fundación para el Análisis y los Estudios Sociales, 1998.

MORALES, SALVADOR, y AGUSTÍN SÁNCHEZ ANDRÉS, *Diplomacias en conflicto. Cuba y España en el horizonte latinoamericano*, México, Instituto de Investigación Científica Ingeniero L. Tamayo, 1998.

MORENO FRAGINALS, MANUEL, y JOSÉ J. MORENO MASÓ, *Guerra, migración y muerte (el ejército español como vía migratoria)*, Colombres, Ediciones Júcar, 1993.

MORENO LUZÓN, JAVIER, ed., *Construir España. Nacionalismo español y proyectos de nacionalización*, Madrid, Marcial Pons, 2007.

NARANJO, CONSUELO, MIGUEL ÁNGEL PUIG SAMPER y LUIS MIGUEL GARCÍA MORA, *La nación soñada. Cuba, Puerto Rico y Filipinas ante el 98*, Aranjuez, Doce Calles, 1996.

NÚÑEZ FLORENCIO, RAFAEL, *Militarismo y antimilitarismo en España (1888-1906)*, Madrid, CSIC, 1990.

PAN-MONTOJO, JUAN, ed., *Más se perdió en Cuba. España, 1898 y la crisis de fin de siglo*, Madrid, Alianza, 1998.

PÉREZ VEJO, TOMÁS, *España imaginada. Historia de la invención de una nación*, Barcelona, Galaxia Gutenberg, 2015.

PLACER CERVERA, GUSTAVO, *Guerra hispano-cubano-norteamericana. Operaciones navales*, La Habana, Ciencias Sociales, 1997.

—, *El estreno del imperio. La guerra de 1898 en Cuba, Puerto Rico y Filipinas*, La Habana, Ciencias Sociales, 2005.

RAMA, CARLOS M., *Historia de las relaciones culturales entre España y América. Siglo XIX*, México, Fondo de Cultura Económica, 1982.

RAMOS, DEMETRIO, y EMILIO DE DIEGO, *Cuba, Puerto Rico y Filipinas en la perspectiva del 98*, Madrid, Universidad Complutense, 1997.

REY VICENTE, MIGUEL DEL, y CARLOS CANALES TORRES, *Breve historia de la guerra del 98. España contra Estados Unidos*, Madrid, Nowtilus, 2010.

ROBLES MUÑOZ, CRISTÓBAL, *1898. Diplomacia y opinión*, Madrid, CSIC, 1991.

RODRÍGUEZ GONZÁLEZ, AGUSTÍN, *La guerra del 98. Las campañas de Cuba, Puerto Rico y Filipinas*, Madrid, Agualarga, 1998.

ROJANO ORTEGA, DIEGO, y JUAN ESLAVA GALÁN, *La España del 98. El fin de una era*, Madrid, Edaf, 1996.

RUBIO, JAVIER, *La cuestión de Cuba y las relaciones con los Estados Unidos durante el reinado de Alfonso XII*, Madrid, Biblioteca Diplomática Española, 1995.

SALES DE BOHIGAS, NURIA, *Sobre esclavos, reclutas y mercaderes de quintos*, Barcelona, Ariel, 1974.

SÁNCHEZ PADILLA, ANDRÉS, *Enemigos íntimos. España y los Estados Unidos antes de la guerra de Cuba (1865-1898)*, Valencia, Publicacions de la Universitat de València, 2016.

SANTA MARÍA, ANTONIO, y ALEJANDRO GARCÍA ÁLVAREZ, *Economía y colonia. La economía cubana y la relación con España, 1765-1902*, Madrid, CSIC, 2004.

SANTOS, FÉLIX, *La prensa y la guerra de Cuba*, Bilbao, Asociación Julián Zugazagoitia, 1998.

SAZ, ISMAEL, y FERRAN ARCHILÉS, eds., *Estudios sobre nacionalismo y nación en la España contemporánea*, Zaragoza, Prensas Universitarias de Zaragoza, 2011.

SEPÚLVEDA, ISIDRO, *El sueño de la Madre Patria. Hispanoamericanismo y nacionalismo*, Madrid, Marcial Pons, 2005.

SERRANO, CARLOS, *Final del imperio. España 1895-1898*, Madrid, Siglo XXI, 1984.

STUCKI, ANDREAS, *Las guerras de Cuba. Violencia y campos de concentración (1868-1898)*, Madrid, La Esfera de los Libros, 2017.

TEDDE DE LORCA, PEDRO, ed., *Economía y colonias en la España del 98*, Madrid, Síntesis, 1999.

TONE, JOHN LAWRENCE, *Guerra y genocidio en Cuba, 1895-1898*, Madrid, Turner, 2008.

TORRE DEL RÍO, ROSARIO DE LA, *Inglaterra y España en 1898*, Madrid, Eudema, 1988.

VARELA, JAVIER, *La novela de España. Los intelectuales y el problema español*, Madrid, Taurus, 1999.

VARELA ORTEGA, JOSÉ, ed., *Imágenes y ensayos del 98*, Valencia, Fundación Cañada Blanch, 1998.

ÍNDICE ALFABÉTICO

Abárzuza, Buenaventura, 201
Academia de Ciencia, 132
Acosta y Albear, Francisco:
  Compendio histórico del pasado y presente de Cuba y de su guerra insurreccional, 197
Acta de Independencia de las Provincias Unidas en Sud América, 9 de julio de 1816, 57
Adams, John Quincy, 64-65
Administración española, 42
Administración estadounidense, 76
Administración mexicana, 162
ADN ideológico, 42, 50
Adua (Etiopía), 105
África, 13, 24, 37, 46-47, 81, 204, 208
África de 1859-1860, guerra de, 46, 208
África, norte de, 13, 24, 37, 46
Agüero, Arístides, 156, 160
Álamo, El (Texas, EE. UU.), 62
Alas, Clarín, Leopoldo, *véase* Clarín
Alaska, 67
Alba, duques de, 127
Alberdi, Juan Bautista, 146
Albert Hall de Londres, 214
Alcalá Galiano, Antonio, 191
Alemania, 25, 27, 73, 83, 86, 98-99, 144
Alfonso XII, 152-153
Alfonso XIII, 27, 179
Alicante, 117
Alma de España, 218
Almenas, conde de las, 44
Almirall i Llozer, Valentí, 33, 40
Almirante Oquendo, crucero, 17
Almodóvar del Río, duque de, 101
Alsacia, 105, 201
Altamirano, Ignacio Manuel, 146
Altamira, Rafael, 178-182, 184, 219, 223
  La huella de España en América, 180

Mi viaje a América, 180
Psicología del pueblo español, 181, 223
América, descubrimiento de, 13, 187
América Latina, 10, 148
América, 18, 23, 54, 56-57, 59, 68, 80, 82-84, 115-116, 143-144, 147, 149-150, 155, 158, 167, 170-174, 177-182, 184, 187, 202, 204, 207, 212
Angiolillo, Michele, 90
Angola, 105
Antiguo Régimen, 22, 187, 191, 196
Antillas, 81, 91, 116, 144, 198
Apalaches, montes, 82
Arana, Sabino, 38, 40
Aranda, conde de, 108
Archivo de Indias de Sevilla, 152
Argelia, 125
Argentina, 57, 146, 154-155, 157, 160-161, 165, 168-169, 171, 174-175, 178, 181-183, 202
Argüelles, Agustín de, 56
Argüelles Alonso, marqués de Argüelles, Ramón, 127
Arizona, 151
Asia, 23, 54, 59, 81-83
Asia Oriental, 82

Asociación Española para la Exploración del África, 47
Asociación Patriótica Española, 169-170
Asturias, 116, 209
Ateneo de la Juventud Mexicana, 175
Ateneo de Madrid, 28, 131, 214
Atlántico, 79, 180
Audiencia de México, 182
Austria-Hungría, 27, 86, 98-99
Austrias, dinastía de los, 32, 206-207, 212, 221
Ayacucho, batalla de, 56-57, 189
Azcárate, Gumersindo de, 49, 110-111
La república norteamericana, 110
Azorín, 11, 216, 218, 220, 223
Del sentimiento trágico de la vida en los hombres y en los pueblos, 218
El alma castellana (1600-1800), 220, 223
El paisaje de España visto por los españoles, 216
España. Hombres y paisajes, 216
La ruta de don Quijote, 216
Una hora de España (entre 1560 y 1590), 220

Bahamas, islas, 20
Balaguer, Víctor, 120
Baleares, 55, 101, 193
Balfour, Arthur James, 98
Bancroft, crucero, 96
Barbastro, 184, 214
Barca, Calderón de la, 217
Barcelona, 6, 29, 117, 119, 124, 208-209
Baroja, Pío, 11, 104
  Divagaciones apasionadas, 104
Barquillo (Madrid), calle, 131
Batallón del Principado, 209
Becerra, Manuel, 120
Belaúnde, Víctor Andrés, 175
Berlín, 95
Betancourt Cosío y Cisneros, Evangelina, 78
Bilbao, 38
Blanco, Ramón, 16, 90-92, 94, 101
Blanco y Negro, 141
Blasco Ibáñez, Vicente, 50, 111, 118-119, 124, 183
Bolivia, 148, 153-154, 202
Bonelli, Emilio, 47
Borbón, Carlos María Isidro de, 120
Borbones, dinastía de los, 55, 193, 206-208, 210, 221
Borbón y Borbón, Isabel de, 182
Brasil, 154, 155

Brooklyn, acorazado, 17-18
Bry, Theodore de (il.): *Brevísima relación de la destrucción de las Indias*, 79
Buchanan, James, 65
Bueno, Gustavo, 186, 188
  España frente a Europa, 186
Buenos Aires, 167-170, 173, 183

Caballero de Rodas, Antonio, 74
Cádiz, 124, 185
Cairo, El, 106
California, 67, 151, 171
Call, Wilkinson, 66
Cámara Agrícola del Alto Aragón, 184, 214
Cámara de Representantes (Cuba), 91-92
Cámara de Representantes (Puerto Rico), 91
Campana de Gracia, La, 136
Canadá, 22, 155, 200
Canal de Panamá, 59
Canal de Suez, 152
Canalejas, 50, 96-97
Canarias, 101, 195
Candau Pizarro, Feliciano, 201
Cánovas del Castillo, Antonio, 90, 111, 116, 119-120, 123, 127, 136, 198, 201, 204, 206-207

Historia de la decadencia de España desde el advenimiento de Felipe III al trono hasta la muerte de Carlos II, 204, 207
Cantabria, 116
Cantar de mio Cid, 223
Cañal, Carlos, 202
Caracas, 173
Caribe, 12, 24, 30, 55, 59, 68 69, 73, 76, 81-82, 85, 95, 101, 126, 144, 147, 159, 161, 193
Carlos, don, *véase* Borbón, Carlos María Isidro de
Carlos I de España y V de Alemania, 130, 219
Carolinas, islas, 12, 25-26
Carta Magna, 194
Casa de las Recogidas de La Habana, 78
Castelar, Emilio, 45, 50, 109-110, 117
Castilla, 129, 218
Castillo de San Felipe del Morro, *véase* Morro, El
Castro, Américo, 42
Castro, Antonio de, 164
Cataluña, 30, 39, 116, 214
Cavite, batalla de, 121, 141
Cayo Hueso, 95
Centroamérica, 144

Centro de Estudios Históricos, 223
Centro Republicano Federal de Madrid, 110
Cervantes (Río Negro, Argentina), colonia, 183
Cervantes Saavedra, Miguel de, 174, 219
   El ingenioso hidalgo Don Quijote de la Mancha, 219
Cervera y Topete, Pascual, 15-17, 19
Chacón, José Ignacio: *Guerras irregulares*, 125
Chevalier, Michael, 149
Chicago, 128
Chicago Tribune, 79
Chile, 147-148, 153, 156, 165, 181, 183, 202
China, 81, 83, 106
Chueca, Federico y Joaquín Valverde: *Marcha de Cádiz*, 122
Cid, el, 214, 216, 221
Cisneros, 78, 212
Ciudad del Cabo, 106
Clarín, 25, 116
Cleveland, Grover, 84, 86, 89, 153
CNT, *véase* Confederación Nacional del Trabajo (CNT)
Cojo Ilustrado, El, 173

Colombia, 59, 144, 148, 152-154, 164-165
Colón, Cristóbal, 18, 185-187
Colorado, 151
Comillas, marqués de, 113, 127
Comisión de Investigación del Gobierno estadounidense, 62
Compañía Francesa de Ferdinand de Lesseps, 144
Compañía Trasatlántica, 113, 127
Comunidades, guerra de las, 211
Concas, Víctor, 19
Concilio de Trento, 217
Conde de Venadito, crucero, 185
Confederación Nacional del Trabajo (CNT), 119
Conferencia de Embajadores de Estados Unidos (Ostende, 1854), 65
Congreso Católico Nacional (Burgos, 1899), 48
Congreso de Estados Unidos, 36, 61, 71, 89, 94-95, 100, 140, 155
Congreso de la Segunda Internacional (Londres, 1896), 113
Congreso de los Diputados, 24, 50, 124
Consejo de Administración (Cuba), 91-92
Consejo de Administración (Puerto Rico), 91

Consejo de Ministros, 90-91, 135
Constitución autonómica para Cuba y Puerto Rico, 92
Constitución de 1837, 24, 195
Constitución de 1869, 190
Constitución de 1876, 27, 91, 114, 190, 197, 199
Constitución de Cádiz de 1812, 24, 190-191, 194-196
Constitución española, 190-191
Convención de San José (1880), 152
Corea, 106
Corona española, 70, 195, 203
    véase también Madrid, trono de
Correo, El, 139
Correo Español, El, 139, 170
Correo Militar, El, 139
Correspondencia de España, La, 139
Correspondencia Militar, La, 139
Cortes Constituyentes, 196
Cortes españolas, 24, 44-45, 48, 76, 131, 195, 197-199, 208
    véase también Congreso de los Diputados; Senado
Cortés, Hernán, 213, 216
Coruña, La, 124
Costa, Joaquín, 27, 33, 53, 108, 116, 130-131, 176, 184, 211, 214, 221-222

Oligarquía y caciquismo como la forma actual de gobierno en España, 116, 130-131, 211
Poesía popular española, y mitología y literatura celto-hispanas. Introducción a un tratado de política sacado textualmente de los refraneros, romanceros y gestas de la península, 222
Reconstitución y europeización de España. Programa para un partido nacional, 108, 212
Costa (y otros), Joaquín: *Derecho consuetudinario y economía popular de España*, 223
Costa Rica, 59, 152-154, 163-164, 202
Crespo, Joaquín, 165
Cristóbal Colón, acorazado, 17-19
Cruz Roja Sudamericana, 166
Cuadro general del comercio general de España, 67
Cuarto Centenario del Descubrimiento de América, 148, 155, 175, 188, 212
Cuba (1868-1898), guerra de, 11, 42, 46-47, 77, 90, 107, 110-113, 116, 119, 148, 150, 156, 173, 201
véase también Diez Años (1868-1878), guerra de los; Independencia de Cuba (1895-1898), guerra de; Cuba, independencia de
Cuba española, 145, 147, 158, 162
Cuba estadounidense, 145, 158, 161-162
Cuba, independencia de, 63, 66, 70, 73-75, 85, 87, 89-90, 97, 100, 113, 135-137, 147, 159, 161-166, 169-171, 173
véase también Independencia de Cuba (1895-1898), guerra de
Cuba mexicana, 162
Cuestas, Lindolfo, 160

Daily People, 83
Darío, Rubén, 167, 173-175
«Los cisnes», 167
Débâcle francesa, 105
Desastre de 1821, 56
Desastre de 1824, 56
Desastre de 1898, 11, 20, 25, 31-33, 37-38, 43, 46, 48-53, 56, 99, 103, 105, 109, 125, 128-135, 143, 150, 167, 172, 174-176, 179, 182, 185-186, 188, 190, 201, 210, 212-213, 215-218, 220

véase también Cuba (1868-1898), guerra de; Diez Años (1868-1878), guerra de los
Día, El, 141, 170
Diario de la Marina, 94
Díaz, Porfirio, 162
Diez Años (1868-1878), guerra de los, 57, 63, 66, 70, 73, 75, 77, 147, 169, 197, 209
  véase también Cuba (1868-1898), guerra de
Diputación de Madrid, 122
Discusión, La, 94
Doctrina Monroe, 68, 73, 80-81, 83-86, 155, 171
Dupuy de Lôme, Enrique, 96

Ebro, río, 40
Ecuador, 148, 202-203
Edad Media, 41, 157
Egipto, 106, 184
Egusquiza, Juan Bautista, 160
Ejecutivo (Cuba), 92
Ejecutivo (Puerto Rico), 92
Ejército español, 21, 57, 79, 94, 197
Ejército Español, El, 139
Ejército Libertador de Cuba, 21, 200
Ejército Real del Perú, 57
Elduayen, José, 71, 72

Enmienda Platt, 58
Época, La, 88, 139, 141-142
Escoto, Gustavo, 97
Escuadra del Atlántico Norte, 62
Escuela Naval de Chile, 160
«España como problema», 13, 33, 41, 49, 52, 129, 213, 216
España imperial, 220
España Moderna, La, 33, 223
«Españas», las, 194
España y América, 176
Española, isla de La, 164
Español, El, 170
Espartero, Baldomero, 43
Esquerdo, José María, 111
Estado chileno, 57
Estado español, 31, 35
Estado, golpe de, 7, 27, 45, 46
Estado imperio (Antiguo Régimen), 22, 187, 202
Estado Mayor General del Ejército de Operaciones de Cuba, 43, 91
Estado nación español, 11-13, 22-24, 54-55, 143, 187-191, 202-203
Estatuto Real de 1834, 195, 197
Estrada Palma, Tomás, 97, 157
Etiopía, 105
Eulate, Antonio, 18, 19
Europa, 11, 28, 41, 51, 52, 54, 73, 96, 105-106, 124, 143,

161-162, 172, 200, 207, 217, 221
Euskara (Buenos Aires), plaza, 169
Evening Star, 95
Extremo Oriente, 96

Fachoda, incidente de, 81, 106
Federación Regional Española de la Internacional, 119
Felipe II, 219
Fernández de Córdoba, Gonzalo, *véase* Gran Capitán, el
Fernández Villaverde, Raimundo, 30
Fernando VII, 11, 54, 57, 65, 203
Ferrer del Río, Antonio, 207
   Decadencia de España. Historia del levantamiento de las comunidades de Castilla, 1520-1521, 207
Filipinas, 12, 21-23, 26, 29, 42, 47, 54, 56-58, 68, 70, 72, 82-83, 91, 101, 105, 113-114, 123, 128, 189, 195-197, 199
Fiske, John: *Manifest Destiny,* 75
Flores, Juan José, 203
Florida, 66-67
Florida, península de, 162
Fort Ross (California), 67

Francia, 27, 67, 69, 73, 81, 83, 86, 98-99, 101, 104-106, 143, 149, 171, 174
Francisco José I de Austria, 99
Franco, Francisco, 45
Furor, destructor, 17, 19

Gaceta de La Habana, 92
Galicia, 116
Gálvez, José María, 92
Gálvez, Manuel, 175, 176, 183
   «Canto a España», 176
   «Canto a la raza», 176
   El solar de la raza, 175
Ganivet García, Ángel, 11, 33, 176, 179, 216, 218-219
   Idearium español, 33, 179, 216, 218
García Calderón, Francisco, 175
García de Polavieja, Camilo, 48, 182
Gasset, Eduardo, 140
Generación del 98, 11, 32-33, 40-41, 51, 53, 103-104, 128-129, 176, 213-214, 216-219, 222
General Cristiano, el, *véase* García de Polavieja, Camilo
Gener, Pompeu, 40, 210
Gener, Pompeyo
   Herejías. Estudios de crítica inductiva sobre asuntos de España, 210

Génova, 18
Gibraltar, estrecho de, 46
Gil Blas, El, 170
Gil de Biedma, Jaime, 40
Giner de los Ríos, Francisco, 110, 210
Globo, El, 139, 141
Gobierno alemán, 95
Gobierno argentino, 160
Gobierno austro-húngaro, 99
Gobierno autónomo de Cuba, 94
Gobierno británico, 83, 98
Gobierno chileno, 165
Gobierno colombiano, 152, 155, 165
Gobierno colonial español, 33
Gobierno costarricense, 152
Gobierno dominicano, 163
Gobierno español, 25, 29, 31, 62, 65-66, 73, 77, 85-86, 89-90, 92-101, 117, 120-121, 124-126, 136-137, 139-140, 142, 147-148, 154-155, 157, 159-162, 199-200, 203
Gobierno francés, 101
Gobierno luso, 106
Gobierno mexicano, 69, 162
Gobierno norteamericano, 62, 64, 74, 77, 80, 84-85, 89, 91, 93, 95-98, 100-101, 139, 152, 154-155
Gobierno uruguayo, 166
Gobierno venezolano, 164-165
Gómez, Máximo, 26, 34, 76, 126, 148, 163-164
Góngora, Luis de, 174
González Posada, Adolfo, 182
Gran Área, 82
Gran Capitán, el, 213, 216, 219
Gran Caribe, 143, 161
Grandes Antillas, 70
Grito de Baire (1895), 84, 136, 156
  véase también Independencia de Cuba (1895-1898), guerra de; Cuba, independencia de
Grito de Yara (1868), 73
  véase también Diez Años (1868-1878), guerra de los; Cuba, independencia de
Groussac, Paul, 171
Guam, 21, 26, 59, 105
Guatemala, 154, 202
Guerra Chiquita (1879-1880), 75
  véase también Cuba (1868-1898), guerra de
Guerra Civil, 13, 36-37, 133
Guerra del 68, *véase* Diez Años (1868-1878), guerra de los

Guerra del 95, *véase* Independencia de Cuba (1895-1898), guerra de
Guerra Grande (1868-1878), *véase* Diez Años (1868-1878), guerra de los
Guinea, 47
Guinea Ecuatorial, 47
Güines, 29
Guyana británica, 83

Habana, La, 29, 61-62, 64, 78, 94-96, 138, 185
Habsburgo, dinastía de los, 130, 132, 206-207, 211
Habsburgo-Lorena, María Cristina de, 99
Habsburgo, Maximiliano de, 69
Haití, 163
Hardman, Frederick: *The Spanish Campaign in Morocco*, 208-209
Harrison, Benjamin, 71
Hawái, 59, 83
Hearst, William Randolph, 61, 78
Helena, crucero, 95-96
Henríquez Ureña, Pedro, 175
Heraldo, El, 88, 138, 139
Herder, Johann Gottfried von, 221
Heureaux, Ulises, 163

Himno de Riego, 209
Honduras, 148, 154
Hornos, cabo de, 11-12, 22, 152
Hovey, Richard, 62

Iberia, La, 141
Ibérica, península, 55, 193
Idiarte Borda, Juan Bautista, 160
Iglesia católica, 48-50, 109, 221
Iglesias, Pablo, 113, 119
  «Guerra a la guerra» (*El Socialista*, 1 de mayo de 1898), 113
Ignacio, san, 217
III Conferencia Panamericana (1906), 172
Ilustración, 41, 51
Imparcial, El, 88, 139-140, 213
Imperio español, 23, 99
Independencia de Cuba (1895-1898), guerra de, 63, 75, 84, 87, 113, 125, 156, 163, 200, 209
  véase también Cuba, independencia de; Cuba (1868-1898), guerra de
Indiana, acorazado, 17, 62
Indochina, 106
Infanta María Teresa, buque, 15-17, 19
Inglaterra, 69, 81, 219

Inquisición, 78, 173
Institución Libre de Enseñanza, 110, 133, 210
Instituto Nacional de Física y Química, 133
Iowa, acorazado, 17, 62
Iradier, Manuel, 47
Isabel, infanta, *véase* Borbón y Borbón, Isabel de
Isabel la Católica, 212
Isern y Marco, Damián, 33
Italia, 86, 99, 104-105, 171, 213

Jaén, 194
Jamaica, 164
Japón, 58, 73, 83, 106
Jinzhou (China), 106
Jovellanos, Gaspar Melchor de, 191
Jover, José María, 105, 205
  España. Reflexiones sobre el ser de España, 205
Juárez, Benito, 69
Juegos Florales de Lima (1909), 176
Junta de Autoridades, 198
Junta para Ampliación de Estudios e Investigaciones Científicas, 133, 182
Jura de la Independencia chilena (12 de febrero de 1818), 57

Kansas, 151
Kierkegaard, Søren, 104
Knox, James, 65

Labra, Ramón María de, 24, 111, 179, 198
  La reforma electoral en las Antillas españolas, 198
Lafuente, Modesto: *Historia general de España*, 206-207, 224
Laín Entralgo, Pedro, 42
Las Casas, Bartolomé de, 79, 180
  Brevísima relación de la destrucción de las Indias, 79
Laurak Bat, 169
Lee, William Fitzhugh, 61
León XIII, 100
Leopoldo II de Bélgica, 47, 152
Lepanto, batalla de, 213, 217
Lerroux, Alejandro, 50
Ley de Reclutamiento y Remplazos de 11 de julio de 1885, 114
Leyes de Indias, 197
Liandong, península de, 106
Liaoning (China), provincia de, 106
Liberal, El, 221
Liga Abolicionista, 109
Lisboa, 95

Lliga Regionalista, 38
Logroño, 186
Lomas de San Juan, batalla de, 16, 100
Londres, 113
Lone Star, asociación, 65
López, Narciso, 65
López y López de Lamadrid, marqués de Comillas, Antonio, *véase* Comillas, marqués de
Lorena, 105, 201
Lozano, Francisco, 163
Lucha de Clases, La, 113
Luisiana, 67

Maceo, Antonio, 76
Maceo, Tomás, 163
Machado, Antonio, 11, 216
  Campos de Castilla, 216
Machias, crucero, 96
Macías Picavea, Ricardo, 33, 130, 176, 211
  El problema nacional. Hechos. Causas. Remedios, 130, 211
Madariaga, Salvador de, 42
Madrid, 34, 93, 117, 121, 127, 209
Madrid, trono de, 55, 132, 193, 206, 210-211
  véase también Corona española

Maeztu, Ramiro de, 11, 214, 216, 218-219, 223
  Don Quijote, don Juan y la Celestina, 216, 219
  En defensa de la hispanidad, 216
  Hacia otra España, 216, 223
Mahan, Alfred: *The Influence of Sea Power upon History, 1660-1783,* 75
Maine, acorazado, 61-63, 95-96, 98, 137-139
Málaga, 124
Mallada y Pueyo, Lucas, 33, 130, 216
  Los males de la patria y la futura revolución española, 130
Manifiesto de Montecristi, 34
Manifiesto de Ostende, 66-67
Manila, 23, 26, 59
Manzanedo, conde de Manzanedo y duque de Santoña, Juan Manuel, 127
Maragall, Joan, 38
  «Oda a España», 38
Maravall, José Antonio: *Estado moderno y mentalidad social,* 40
Marcha real, 209
Marianas, islas, 12, 25-26
Marías, Julián, 42, 215

España ante la historia y ante sí misma (1898-1936), 215
Marina de Estados Unidos, 62
Marruecos, 73, 81
Martí, José, 34, 76, 157, 159, 162, 164
Martínez Campos, Arsenio, 76-77, 116, 136
Marx, Carl y Friedrich Engels: *Manifiesto comunista*, 112
Mataró, 29
Mateo Sagasta, Práxedes, 27, 90, 93-94, 97, 101, 120, 158, 198, 201
Maura, Antonio, 201
Mazzantini, Luis, 122
McKinley, William, 59, 61, 67, 84, 86, 89, 93-95, 98, 100, 140
Medinaceli, duques de, 127
Mediterráneo, 86
Méndez de Vigo, Santiago, 95
Mendigorría, marqués de, 56
Menéndez Pelayo, Marcelino, 49
   Historia de los heterodoxos españoles, 217
Menéndez Pidal, Ramón, 42, 223-224
Mesonero Romanos, Ramón, 56
México, 56-57, 69, 144-146, 151, 154, 157-158, 161-162, 165, 168, 170, 174-175, 177-178, 181-182, 202-203, 213
México, golfo de, 95
Ministerio de Asuntos Exteriores británico, 98
Ministerio de Instrucción Pública, 132
Molina de Aragón, 194
Monroe, James, 80
Montevideo, 168
Moret, Segismundo, 90, 92, 155, 158
Morote, Luis: *La moral de la derrota*, 223
Morro, El, 17
Mosquitos (Nicaragua), costa de, 84
Mozambique, 105
Museo de Ciencias Naturales, 133

Nacional, El, 88-89
Nakens, José, 50
Napoleón III, 27, 69, 105, 149
Narváez, Ramón María, 43
Navarra, 116
Neolítico, 41
Nevada, 151
New York Journal, The, 61, 78, 96-97
New York World, The, 61, 79
Nicaragua, 59, 84, 144, 154, 202

Nietzsche, Friedrich, 104
Norfolk, base naval, 20
Norte de Castilla, El, 47, 137
Nueva España, 55-56, 64, 67, 82
Nueva Valencia (Corrientes, Argentina), colonia, 183
Nueva York, 65, 76, 78-79, 96-97, 160
Nuevo México, 151
Nuevo Mundo, 154
 véase también América

Occidente, 42
Oceanía, 54
O'Donnell, Carlos Manuel, 159
O'Donnell, Leopoldo, 208
Oeste americano, 82
Oklahoma, 151
Olavide, Pablo de, 108
Olney, Richard, 89
Oregon, acorazado, 17-18
Ortega y Gasset, José, 36, 40-41, 53, 210, 212, 217
 España invertebrada, 40-41
Ortiz, Fernando: *La reconquista de América. Reflexiones sobre el panhispanismo*, 178
Ostende (Bélgica), 65-66
Oyuela, Calixto, 167
 «Oda a España» (*El Tiempo* de Buenos Aires), 167

Pacífico, 12, 22, 24-26, 30, 54-55, 59, 73, 76, 82-83, 91, 101, 144-145, 180, 189, 193, 195, 197, 199
Pacífico, guerra del, 147, 154, 203
País, El, 129, 139
País Vasco, 30, 39, 116, 214
Palacio, Nicolás, 175
Palaos, islas, 12, 25-26
Palma, Ricardo, 177
Panamá, 59
Panamá, istmo de, 82, 144, 152
Pando Sánchez, Luis Manuel, 43, 91
Paraguay, 148, 160, 183
Pardo Bazán, Emilia, 215
París, 21, 101, 105
Partido Liberal, 90, 120, 198
Partido Liberal Autonomista de Cuba, 91-92
Partido Nacionalista Vasco, 38
Partido Revolucionario Cubano (PRC), 33, 97, 156, 160
Partido Socialista Obrero Español (PSOE), 110, 112, 114, 118
«La Patria», 113
Patronato, 199
Pavía, batalla de, 213
Paz de París, *véase* Tratado de Paz de París

Paz de Utrecht, 55, 193
Paz de Zanjón, 63, 66, 77, 147
Pedregal y Cañedo, Manuel, 111, 130
  Estudios sobre el engrandecimiento y decadencia de España, 130
Pelayo de la Torriente, marqués de Valdecilla, Ramón, *véase* Valdecilla, marqués de
Pereda, José María de, 215
Pérez Galdós, Benito, 39, 50, 109
  Electra, 50
  Episodios nacionales, 39
  Zaragoza, 39
Perla de las Antillas, 55
Persia, 81
Perú, 56, 147-148, 153-154, 175, 178, 181, 202
Pescadores, islas, 106
Pintó, Ramón, 65
Pío IX: *Syllabus*, 48
Pi y Margall, Francisco, 39, 70, 110-111
  Las nacionalidades. Escritos y discursos sobre federalismo, 39
Plutón, destructor, 17, 19
Popular, El, 170
Portugal, 81, 104-106
Porvenir, El, 201
Prado, Mariano Ignacio, 148

PRC, *véase* Partido Revolucionario Cubano (PRC)
Primera Guerra Mundial, 11, 128, 224
Primera Internacional Socialista, 112
Primera República, 50-51
Primer Centenario del Descubrimiento de América, 187
Prim, Juan, 43, 69, 74, 203
Primo de Rivera, Miguel, 45
Proceso de Montjuic, 119
Progreso, El, 139
Prusia, 105
PSOE, *véase* Partido Socialista Obrero Español (PSOE)
Publicidad, La, 25, 111
Pueblo, El, 118
Puerto Rico, 12, 21-26, 29, 42, 54, 56-58, 68, 70, 82, 84, 91-92, 101, 105, 114, 155, 163, 189, 195-199, 201-202
Pulitzer, Joseph, 61, 78

Quevedo, Francisco de, 174, 205

Ramírez, Ignacio, 146
Real Academia de la Historia, 207
Real Decreto de 14 de julio de 1898, 142

Real Jardín Botánico, 133
Real Orden de 26 de julio de 1900, 36
Real Orden de 28 de mayo de 1825, 195
Reconcentrado, El, 94
Reforma, 218
Reino Unido, 27, 80, 83-84, 86, 88, 98-99, 106, 143-144, 200
Renacimiento, 51, 218
República de Argentina, 171
República de Cuba, 34
República de Haití, 164
República del Norte, 149
República del Perú, 148
República Dominicana, 145, 163
República mexicana, 162
Restauración, 27, 30, 32, 43, 47-48, 50, 52, 63, 70, 86, 90, 109, 120, 122, 127, 130, 134, 136, 139, 145, 155, 198-199, 204, 206, 211, 214, 216
Revista de Madrid, 191
Revolución de 1868 (la Gloriosa), 70, 206, 212, 216
Revolución rusa, 224
Reyes, Alfonso, 175
Reyes Católicos, 207, 211, 221
Ridao, José María, 129
Rif, guerra del, 209
Río de la Plata, 194

Río de la Plata, acorazado, 169
Río del Oro (Sáhara Español), 47
Rioja, La, 124, 186
Riquer, Borja de, 192
Riva Agüero, José de la, 175
Rodó, José Enrique, 174-175
    Ariel, 174
Rodríguez Carracido, José, 132
Rojas, Ricardo, 175, 183
Roma, 174, 184, 217
Romanones, conde de, 48
Romero, Matías, 158
Romero Robledo, Francisco, 127
Roosevelt, Franklin Delano, 62, 68
Rusia, 27, 58, 67, 99, 106

Sáenz Peña, Roque, 171, 173
Sagunto, pronunciamiento de, 43
Sáhara Español, 47
Salisbury, lord, 98, 106, 214
Salmerón, Nicolás, 111
Salvador, El, 154, 202
Sam, Tirésias Simon, 164
Sánchez-Albornoz, Claudio, 42
San Francisco, crucero, 96
San Quintín, batalla de, 213
Santa Águeda (Mondragón), balneario, 90
Santa María, carabela, 186
Santander, 124

Santiago de Chile, 160
Santiago de Cuba, 16, 101, 157
Santiago de Cuba, bahía de, 13, 16, 52, 59
Santiago de Cuba, batalla naval de, 18, 20, 25, 33, 59, 100, 123, 142, 189
Santo Domingo, 69, 202-203
Sarmiento, Domingo Faustino, 146, 175
Schley, Winfield, 17
Schopenhauer, Arthur, 104
Scovel, Sylvester, 79
Secesión, guerra de, 66, 70, 74, 80, 109, 144, 151
Sedán, batalla de, 27
Segunda Guerra Mundial, 58
Segunda Internacional Socialista, 113
Segunda República, 41, 5051, 225
Segundo Centenario del Descubrimiento de América, 187
«Semana Trágica», 209
Senado, 116, 127
Senado de Estados Unidos, 61, 72, 89, 91
Serrano, Francisco, 43
Sevilla, 186
Sexenio Democrático, 32, 50, 70, 120, 145, 168, 203, 209, 210

Shafter, William Rufus, 101
Shakespeare, William: *Hamlet*, 219
Siam, 106
Sicard, Montgomery, 62
Sickles, Daniel, 66
Sierra Morena, 108
Siglo de Oro, 220
Silvela, Francisco, 48, 108, 137, 185, 215
  «España sin pulso» (*El Tiempo,* de Madrid), 108, 185, 215
Socialista, El, 110, 112-113, 118-119
Sociedad Española de Africanistas y Colonialistas, 47
Strong, Josiah: *Our Country*, 75
Sudamérica, 82
Sudeste Asiático, 12, 24, 59
Sur (Estados Unidos), 66
Sur (Sudamérica), 149

Taiwán, 106
Tampa (Florida, EE. UU.), 34
Tarifa, conde de, 56
Tarnassi, José, 171
Tarquino, río, 18
Tercer Centenario del Descubrimiento de América, 187
Teresa de Jesús, santa, 219
Terry, Emilio, 28

Tesoro estadounidense, 66
Texas, 62, 151, 171
Texas, acorazado, 17
The Scramble for China, batalla, 83
Tiempo, El (de Buenos Aires), 167, 173
Tiempo, El (de Madrid), 108, 139, 142, 185
Tiempo, El (de México), 170
Tierra de Fuego, 55
Times, The, 79, 208
Toral, José, 101
Tortugas, islas, 62
Trafalgar, batalla de, 21
Transición española, 51
Tratado de Paz de París, 21, 25-26, 36, 59, 84, 101
Tratado de Paz y Amistad de 1836, 69, 164
Tratado de Shimonoseki, 106
Trece Colonias, 80
Treitschke, Heinrich von, 27
Trienio Liberal, 56, 191
Triple Alianza, 86
Turquía, 82

Ugarte, Manuel, 175
UGT, *véase* Unión General de Trabajadores (UGT)
Unamuno, Miguel de, 11, 33, 53, 176, 212-213, 216, 219-220, 223

En torno al casticismo, 33, 223
Vida de don Quijote y Sancho, 216
I Conferencia Panamericana (Washington, 1889-1890), 81, 153-154, 171
III Conferencia Panamericana (1906), 172
Unión Americana, 64, 66
Unión General de Trabajadores (UGT), 119
Unión Iberoamericana, 176
Unión Liberal, 145
Unión Mercantil, La, 124
Unión Norteamericana, *véase* Unión Americana
Unión Panamericana, 81
Universidad Central de Madrid, 132
Universidad de La Habana, 110
Universidad de La Plata, 183
Universidad de Oviedo, 178-179, 181
Universidad de Sevilla, 201
Uriburu, José Félix, 160
Uruguay, 148, 154-155, 160-161, 166, 168, 175, 181, 183
Utah, 151

Valdecilla, marqués de, 127
Valencia, 117, 124

Valera, Juan, 70-72, 109
Valle-Inclán, Ramón María del, 11, 220
Varona, Enrique José: «Mis recuerdos de Martí», 76
Vasconcelos, José, 175, 177
Velázquez, Diego, 223
Venezuela, 83, 144, 153-154, 164-165, 202
Ventas, plaza de Las, 121
Victoria (Buenos Aires), teatro, 170, 173
Viejo Continente, 58
Vietnam, 125
Vietnam, guerra de, 88
Vigía, El, 166
Villaamil, Fernando, 19
Villalar, batalla de, 130, 206-207, 211-212
Vincenti, Eduardo, 131
Vizcaya, crucero, 17-19, 96

Voluntarios Catalanes, 208-209
VV. AA.: *Derecho consuetudinario y economía popular de España*, 223

Washington, 153-155
Washington Post, The, 79
Weyler, Valeriano, 77, 79, 87-94, 126
 Mi mando en Cuba, 77
Woodford, Stewart L., 66, 93, 140
Wyoming, 151

Yucatán, península de, 162

Zambia, 81
Zaragoza, 27, 39, 117
Zulueta, marqués de Álava, Julián, 127
Zulueta y Samá, Josefa, 127

«Para viajar lejos no hay mejor nave que un libro».
Emily Dickinson

Gracias por tu lectura de este libro.

En **penguinlibros.club** encontrarás las mejores recomendaciones de lectura.

Únete a nuestra comunidad y viaja con nosotros.

penguinlibros.club

penguinlibros